恒久咸和

紫禁城文化脉络与精神价值

王子林 / 著

学习出版社

图书在版编目（CIP）数据

恒久咸和 ： 紫禁城文化脉络与精神价值 / 王子林著 .
北京 ： 学习出版社， 2025. 8. -- ISBN 978-7-5147
-1330-5

Ⅰ. K928.74

中国国家版本馆 CIP 数据核字第 2025GW6241 号

恒久咸和

HENGJIUXIANHE

——紫禁城文化脉络与精神价值

王子林　著

责任编辑：苏嘉靖　沈潇萌
技术编辑：刘　硕
装帧设计：壹读闻话

出版发行：学习出版社
北京市崇外大街11号新成文化大厦B座11层（100062）
010-66063020　010-66061634　010-66061646
网　　址：http：//www.xuexiph.cn
经　　销：新华书店
印　　刷：北京联兴盛业印刷股份有限公司

开　　本：710毫米×1000毫米　1/16
印　　张：18.5
字　　数：192千字
版次印次：2025年8月第1版　2025年8月第1次印刷

书　　号：ISBN 978-7-5147-1330-5
定　　价：75.00元

序

在故宫感受中华文明的深厚底蕴和万千气象

王旭东

“只有全面深入了解中华文明的历史，才能更有效地推动中华优秀传统文化创造性转化、创新性发展，更有力地推进中国特色社会主义文化建设，建设中华民族现代文明。”2023 年 6 月 2 日，习近平总书记在文化传承发展座谈会上发表重要讲话，从党和国家事业发展全局的战略高度，对中华文化传承发展的一系列重大理论和现实问题作了全面系统深入阐述。故宫是中华民族 5000 多年文明的重要承载者，是中华优秀传统文化的汇聚地，是中国古代劳动人民的智慧创造，也是多元文化交流融合的历史见证。从包罗万象的故宫文物，可以感知中国历朝历代物质与精神文化的精髓，有助于我们全面深入了解中华文明的深厚底蕴和万千气象。

· 紫禁城：中国古代宫殿建筑的集大成者

以明清紫禁城为主的故宫古建筑群，是我国现存规模最大、保存最完整的古代宫殿建筑群，占地面积达 72 万平方米，拥有千余座明清木结构建筑。丰富的建筑门类、齐全的建筑形制，使得紫禁城成为中国古代官式建筑的百科全书，体现了中华文明的突出特性。

一脉相承的营建思想，绵延不绝的中和理念。紫禁城不但与安徽凤阳明中都、南京明故宫遗址的两座宫殿有着直接的沿袭关系，更可由此一直追溯至河南偃师二里头夏代晚期宫城以降的历代都城、宫殿的规划设计形制，追溯至《周礼·考工记》《吕氏春秋》等古代文献中所记载的“辨方正位”“择中立宫”“左祖右社”“面朝后市”等一系列都城、宫殿营建的悠久传统。经过元明清三代的规划建设，北京城形成了以紫禁城为中心，宫城（紫禁城）、皇城、内城、外城四道城墙环环相套的形制，端正严整、对称均齐；纵贯南北的北京城中轴线更是长达 7.8 公里，气势如虹。紫禁城在重重城墙和南北中轴线的烘托之下，显示出“天下之中”的恢宏气魄。在紫禁城内的考古发掘证明，元明清三代的宫殿建筑存在着叠压关系。此外，紫禁城还继承了中国传统宫殿营建中“前朝后寝”“三朝五门”等古制。以上营建传统，与中国农业文明起源之际通过“观象授时”而获得的宇宙观、时空观等重要知识与思想体系一脉相承。

《中庸》有云：“中也者，天下之大本也；和也者，天下之达道也。致中和，天地位焉，万物育焉。”经过长期的发展积淀，“致中和”这一中国古代重要的哲学、美学及伦理道德观念，成为中华文化的核心理念和主导精神之一。紫禁城建筑群整体布局对称均衡、秩序井然，充分体现出对“和谐”“中和”等文化理念的追求。无论是以“保合太和”“致中和”为主题而命名的外朝前三殿——太和殿、中和殿、保和殿，还是崇尚乾坤交泰、万物和谐并育的内廷后三宫——乾清宫、交泰殿、坤宁宫，“守中致和”的中和之道都是其中蕴含的最高追求。除此之外，紫禁城中尚有永和宫、体和殿、颐和轩、蹈和门等名称中带有“和”字的诸多殿宇门楼，也有养心殿正殿“中正仁和”、宁寿宫乐寿堂“与和气游”、颐和轩“太和充满”等带有“和”字的匾额。凡此种种，不一而足，处处体现出追求“和”的文化内涵。

革故鼎新的工艺技术，南北融合的建筑新风。紫禁城一方面是继承前代传统的产物，另一方面也是中国南北方建筑文化交流融合的创新之作。在明永乐年间始建宫城的过程中，便有大量南方工匠参与其中，典型者有以蒯祥为代表的苏州“香山帮”匠师，相关工艺技术在南北融合中不断推陈出新。据史料记载，元大都城墙仍以土墙为主，仅城门部分包砖，下大雨时常常塌毁，而紫禁城的城墙全部包砌城砖，很好地解决了这一问题。宫殿室内铺地大量运用的“金砖”产自苏州，由太湖湖底多年沉积的淤泥经过极为复杂的工艺制成，是明代高超的制砖新技术的产物。屋顶的材质与色彩是紫禁城建筑的一大创举，黄琉璃瓦的大量运用，开一代新风：既不同于唐代宫殿以青灰瓦和青棍瓦为主的素朴基调，与宋、金宫殿以青琉璃瓦为主调也颇异其趣（金中都宫殿正殿用黄琉璃瓦），与元代宫殿运用各色琉璃瓦装饰屋脊屋檐并大量使用白色琉璃瓦更是大不相同，从而形成了既辉煌壮丽又和谐统一的整体气魄。

清代康熙、乾隆二帝曾多次“下江南”，更加促进了南北方建筑的融合。例如，乾隆时期参照宁波天一阁，建成用以庋藏四库全书的文渊阁，取“天一生水，地六成之”之义，立面设计成紫禁城中独一无二的六开间，屋顶则以象征水的黑琉璃瓦为主色，木结构部分以绿色油饰为主，在红墙黄瓦为主调的紫禁城中，堪称别具一格的创新之作。建福宫花园、乾隆花园等庭园的营建，将江南园林的风格融入紫禁城，极大改变了宫城的面貌。此外，乾隆花园内各建筑的室内装修，更是荟萃了南方诸般最为卓越的工艺技术。

多元一体的建筑集群，海纳百川的文化气象。紫禁城是统一多民族国家形成的典型例证。除汉族宫殿建筑之外，紫禁城中也有极具其他民族特色的建筑。比如，坤宁宫的改建便是清初满汉文化融合的典型体现，无论是将大门位置由正中改为偏东，室内呈现为“口袋房”布局，还是在西侧开间内设西、南、北三面的“卍字炕”，都是典型的满族建筑习俗。又如，汉藏合璧的楼阁建筑雨花阁，为宫中最具标志性的藏传佛教建筑，将汉式建筑与藏传佛教建筑风格完美地熔于一炉。宫中大量殿宇门楼的匾额皆是满汉双语书写，部分碑刻亦如此，慈宁门匾额更是由满、蒙、汉三种文字书写。紫禁城充分体现出以儒家文化为主的多元文化融合，呈现出中国各宗教信仰多元并存的和谐格局。紫禁城中除主体宫殿建筑之外，还包含佛教建筑，如雨花阁、宝华殿、宝相楼、吉云楼、佛日楼、梵华楼等 40 多处佛堂；道教建筑如钦安殿、玄穹宝殿等；此外还有反映民间信仰和满族原始宗教信仰的城隍庙、坤宁宫等。紫禁城既是中国传统宫殿建筑的代表，也是中外建筑技艺交流融合的舞台。例如，武英殿院内西北部的浴德堂，为一座典型的中亚阿拉伯式穹顶建筑；乾隆花园的倦勤斋内，有结合西方焦点透视技法与中国传统绘画技法绘制而成的大型通景画，使人置身其中似幻似真；东六宫之一的延禧宫主庭院中，还保留着带有近代钢结构的西洋“水晶宫”式建筑遗迹灵沼轩。

· 故宫文物藏品：中华文明的瑰宝与历史印记

习近平总书记指出，历史文化遗产承载着中华民族的基因和血脉。与故宫有关的文物藏品包罗万象，其中存藏于故宫博物院的 190 多万余件 / 套藏品，分为陶瓷、绘画、青铜、家具、钟表仪器等 25 大类，向世界展现出中华民族数千年持续不断又灿烂多彩的物质生活和精神追求。

连缀不断的文明史料，民族一统的历史见证。故宫文物藏品是中华文明源远流长的见证。这些藏品的年代从新石器时代起，贯穿中国历史的各个时期，直至近代，连缀为一部不间断的中华文明史。

以陶瓷为例，故宫博物院所藏陶瓷数量达 37 万件，居世界之首。从新石器时代的夹砂陶、红陶、黑陶、彩陶、白陶等，商周的印纹硬陶、原始青瓷，汉魏六朝的青瓷、黑瓷，到唐代南青北白的瓷器，宋代各大名窑的瓷器，元代的枢府釉和青花、釉里红瓷器，明清两代的御窑瓷器，直至民国时期景德镇烧造的“居仁堂”款瓷器和湖南醴陵生产的瓷器等，足以连贯而系统地反映中国陶瓷数千年的发展历史，见证了中华文化传承有序、生生不息的生命力。

故宫文物藏品是中国统一多民族国家形成的见证。在故宫文物所构成的连缀不断的文明史迹间，统一多民族国家形成与发展的历程也得以生动展现。例如，传为唐代阎立本所绘的《步辇图》就描绘了吐蕃王松赞干布的使者禄东赞朝见唐太宗的场景，这既是难得的艺术杰作，又是汉藏民族交往的重要历史见证；由清代宫廷画家绘制的一系列战图册，是清代前期统一多民族国家进一步巩固与发展的生动记录；由乾隆帝主持，傅恒等撰制，丁观鹏、金廷标、姚文瀚、程梁等绘图的《皇清职贡图》，则描绘了当时藩属国、海外交往诸国以及国内各少数民族的数百个人物，其中国内少数民族分布在今天西藏、新疆、福建、湖南、广东、广西、甘肃、四川、云南、贵州等广阔地区。文物背后承载的是鲜活的历史，它们与那个时代的重要历史人物和重大历史事件密切关联，见证了中华民族的向内凝聚、团结统一。

和平交往的实物依凭，兼收并蓄的文化结晶。故宫文物藏品是中华民族和平交往的见证。与追求和谐的文化理念相伴始终的，是中华民族与周边国家以及不同文明和平共处、友好往来的一贯传统。据不完全统计，故宫博物院藏外国文物多达 1 万余件，包括艺术品、科学仪器、钟表、武备、书籍、纸张、医药、地毯、家具、乐器和其他各类生活用品等。它们来自英国、法国、荷兰、俄罗斯、日本、朝鲜、泰国、越南、马来西亚、缅甸、尼泊尔等国，来源途径包括西洋传教士进献、外交使团礼品、臣工进献、贸易渠道采办等，是中国与周边及世界其他国家和平往来的历史见证。

故宫文物藏品是中外文明交流互鉴的见证。中国与世界其他国家和平往来的过程，同时也是中华文明对其他文明成果兼收并蓄、融会贯通的过程。明万历二十九年（1601 年），从意大利传教士利玛窦接触紫禁城宫廷开始，连续 200 多年，紫禁城中都有具备专业技能的西洋人为宫廷服务。清宫学习欧洲技术，专设玻璃厂、做钟处等，生产各种与西方科学技艺有关的精美艺术品和机械计时器。在绘画艺术中，西方焦点透视技法与中国笔墨风格相互融合，形成中西合璧的新画风。《乾隆帝岁朝行乐图》便是一幅由中西画家共同创作、中西绘画艺术有机交融的成功之作，擅长人物写实肖像画的意大利画家郎世宁负责画乾隆帝像，中国画家沈源、周鲲、丁观鹏等人负责画小童、房舍与树木。此外，故宫博物院还藏有天文、地学、算学及测量绘图仪器等各类来自西方的科技文物。

华章日新的文物品类，融通创新的技艺成果。故宫文物藏品是中华文明华章日新的见证。从中国历史整体来看，藏品中各时代皆有代表性文物类型，各类型文物的工艺技术登峰造极，留下大量精美绝伦的文物精品。其中各文物类型，往往又在不同时代、不同地域形成不同派别、不同工艺的大批杰作，呈现出令人耳目一新的时代特征。

此外，明清时期大批传教士为中国带来西洋文化，不同文化相互融通而取得的创新，在瓷器、绘画、珐琅、钟表、科学仪器、漆器、玻璃器、丝织品、宗教器物等众多方面皆有所体现。钟表及珐琅彩瓷器即是其中的典型代表。意大利传教士利玛窦首次将钟表作为礼物进献给万历皇帝，此后大量精美的钟表源源不断进入明清两代宫廷。清代雍正皇帝不满足于单纯使用西方的计时方法，要求工匠制造出能够报更的“更钟”，即让钟表白天报时、夜间打更。在西洋人的帮助下，造办处的工匠们在钟表上增加了定更、调更的装置，制造出独一无二的更钟，能够按一年之中不同节气夜间的长短调整并确定更的起讫和间隔时间，完美融合了西方机械计时技术与中国传统报时方式。更钟的发明和生产，是中西方不同技术和文化交汇融合所激发出的代表性创新成果。如今，故宫博物院藏有中外钟表 1600 余件，制作年代从 18 世纪到 20 世纪初，其中既有英国、法国、瑞士等国的名家之作，也有一些中西合璧的产物，更有清宫做钟处以及广州生产的精品。珐琅彩瓷器是在康熙、雍正皇帝直接督促下成功烧制的瓷器新品种，这一创新从聘请西洋技术人员和进口西洋原料开始，最终实现了自主炼料并烧造成器，丰富了中国瓷器的艺术风格。

· 故宫文物保护传承利用：功在当代、利在千秋

“文物承载灿烂文明，传承历史文化，维系民族精神，是老祖宗留给我们的宝贵遗产，是加强社会主义精神文明建设的深厚滋养。保护文物功在当代、利在千秋。”习近平总书记的深刻论述给人以启迪。华夏文明，灿若银汉，每一座博物馆都是承载人类文明基因的宝库。2025年是故宫博物院建院100周年，一代代故宫人以高度的责任感和使命感，心怀敬畏，精心守护，做了大量文物保护、传承、利用工作。

薪火相传的文化血脉，民族精神的永恒信物。1925年10月10日，故宫博物院正式成立，这是近代中国文化发展史上的进步表现，紫禁城及其皇家收藏以公共遗产的形式实现了身份转换。在近代的动荡、变革与战火中，故宫文物经历南迁、西迁、北返等过程，历经20余载的颠沛流离，最终得以基本完整保存，写下了保护中华文化珍宝可歌可泣的篇章。1949年1月16日，毛泽东同志亲自指示，北平解放“必须做出精密计划，力求避免破坏故宫、大学及其他著名而有重大价值的文化古迹”。中华人民共和国成立以后，故宫博物院的古建修缮、文物核对清理、文物保护修复、陈列展览和学术研究均有序开展。

在百年建院历史中，特别是新中国成立以来，故宫博物院始终把保护、研究、弘扬中华文化作为事业发展的核心。新时代的故宫博物院，进一步明确了办院指导思想，守正创新，切实肩负起真实完整地保护并负责任地传承弘扬故宫承载的中华优秀传统文化的历史使命。

友好对话的和平使者，文明互鉴的国际桥梁。如今，故宫作为最著名的世界文化遗产地之一，既是展示中华文明的重要窗口，也是促进文明交流互鉴的重要平台。故宫文物在世界舞台上担任着友好对话的和平

使者，搭建起文明互鉴的国际桥梁，彰显着中华文明的和平性与包容性。

故宫博物院在尊重世界文明多样性的基础上，通过故宫文物展览的方式，依托“故事新说：故宫博物院藏明代人物画名品”“圆明园：清代皇家园林艺术与生活”“凝时聚珍：中英钟表技艺交流展”等境外展览，积极推动文化“走出去”，向世界推介中华民族灿烂悠久的历史文化、展示中华文明的独特魅力，向国际社会讲好中国故事；同时通过在故宫博物院举办“爱琴遗珍：希腊安提凯希拉岛水下考古文物展”“譬若香山：犍陀罗艺术展”“璀璨波斯：伊朗文物精华展”等不同国家地区的精品文物展，将不同文明的灿烂文化“引进来”，助力“以文明交流超越文明隔阂、文明互鉴超越文明冲突、文明包容超越文明优越”。

与时偕行的丰厚遗产，生生不息的文化根基。故宫博物院在努力保护好文化遗产的同时，不断推动中华优秀传统文化的创造性转化、创新性发展。故宫博物院尤其注重运用当代数字技术，对故宫文物进行信息采集、存储、研究与保护、展示、传播，并据此开发制作影视作品、短视频、特色展览，开展公众普及工作，以便更好地弘扬中华优秀传统文化。这些年来得到充分发展的“数字故宫”“活力故宫”建设，是在文化遗产保护和公众普及方面取得突出成绩的新成果，一方面成为故宫学基础研究的重要支撑；另一方面又以高度可视化的多媒体成果，架起文化遗产与社会公众之间的沟通桥梁。

故宫博物院于 2025 年迎来建院百年，值此承上启下的历史性时刻，要坚持以习近平新时代中国特色社会主义思想特别是习近平文化思想为指引，深刻理解“两个结合”，坚定文化自信，秉持开放包容，坚持守正创新，担负起新的文化使命，全力推进“平安故宫”“学术故宫”“数字故宫”“活力故宫”建设，努力将故宫博物院建成国际一流博物馆、世界文化遗产保护的典范、文化和旅游融合的引领者、文明交流互鉴的中华文化会客厅。

作者系文化和旅游部党组成员、故宫博物院院长

前言

紫禁城是唯一保存下来的中国古代最完整规模最大的宫殿建筑群，它集中体现了古代建筑的理想追求，焕发出迷人的精神魅力。面对这样的一座宫城，我们如何挖掘其背后所隐藏的文化脉络和精神价值呢？

北京（元称为大都）曾是元明清三个大一统王朝连续定都的地方，这在历史上是唯一的。三个大一统王朝又不同程度代表着游牧、农耕和狩猎三种生产类型，它们在这个地方碰撞、交流、融合，形成了独特的生活场景。而这三种生活场景又都是以儒家文化为核心的体现，都在阐释着相互之间的文化传承脉络，互相影响，推动着中华文明不断丰富与繁荣。

紫禁城虽然建于明代，但它却是我们认识中华文明的窗口，因此，我们可以把紫禁城及其藏品作为基础，来阐释中华文化在它身上所凝聚的光芒及所走过的路。它无疑可作为中华 5000 多年文明的承载者和历史记忆的保留者。

如何阐释紫禁城的文化脉络和精神价值呢？

本书不追求大而全，不按照通史的结构面面俱到，而是从小处着眼，从细微入手，即从一件文物入手，结合对原文原典的重读和细读，吸收其语言营养和精神内涵，解读其隐藏的文化脉络和精神价值，以期得出全新的理解。

本书以故宫收藏的文物为基础辨章学术，竟委穷源。首先从紫禁城漱芳斋悬挂的“正谊明道”匾出发，溯源《汉书》所记董仲舒与汉武帝的三次问答，重读原文，对三次策对作逐段解读，并对策对的思想基础进行剖析，认为董仲舒立论的根基是仁，他提出的正谊明道塑造了古代中国人的性格，坚守“不以利为利，以义为利”的原则千年不动摇。

为何董仲舒要坚守仁的道义呢？

本书通过回溯紫禁城的起源来回答这个问题。紫禁城原称禁中或省中，亦称紫宫，源于先民测天。中华文明本质上为农耕文明，农耕文明首先要解决的是吃饭问题。而保证吃饱饭的谷物生长则要靠天的恩赐。所以我们的祖先早就发明了测天术，测出了四季，找出了天（宇宙）的中心是北极。主宰万物的宇宙中心紫宫，原来是阴阳开闭之处，是万物产生的原点，故而生被当作了自然规律，并把生上升为德即上天赐予我们生命并繁衍子孙的最大力量，所谓“天地有大德曰生”，而这个德便是天的本性仁。孔子发现了这个隐藏于自然规律之中的德，孔子说“为政以德，譬如北辰，居其所而众星共之”，他将这个天德当作仁，并一生坚守之，无终食之间违仁，造次必于是，颠沛必于是。

当解决了吃饭问题之后，下一个问题就是教育，孟子说“夏曰校，殷曰序，周曰庠，学则三代共之，皆所以明人伦也。人伦明于上，小民亲于下”，这是三代隆盛的原因。而秦始皇不知其道，颁布“挟书律”，又焚书坑儒，造成文化的断裂。汉初实行无为政策，虽然经济得到了发展，但却使民性得到了放纵，百姓弃捐礼义，习俗薄恶，抵冒殊扞，万民从利，教化废而奸邪并出。《大学》曰：“大学之道，在明明德，在亲民，在止于至善。”程颐说“亲”当作“新”，即革新、自新。新民，使人弃旧图新，去恶从善。古之圣王明白这个道理，南面而治天下。由此董仲舒自然推证出行政教的措施是在都城设立太学，实施国家教育；在县城设立学校，实施地方教育。用“仁”来教养人民，用“义”来感化人民，用“礼”来节制人民。

紫禁城背后所隐藏的文化脉络与精神价值与此有着密切的关联。

大禹治水时把天下山峰分成三条四列走向的脉络，并逐渐形成了以昆仑山为中心的三大山脉系统。朱熹在肯定三大山脉源于昆仑山的同时，又以新的地理观称冀都是正天地中间。冀都即尧都。“祖述尧舜，宪章文武”，“焕乎其有文章”，尧建立了辉煌的典章制度，是中华文化的源头，产生了冀都文化中心说，象征儒家文化的正统源头。北京地处幽燕，幽燕古通称冀，北京在明人眼中，就是尧的冀都，是天下的中心。

五门三朝是紫禁城最显著的特征，是构成都城的脊梁。五门曰正阳门、大清门、天安门、端门和午门，是东汉郑玄注《周礼》时所建立的“天子五门”制度的体现，《康熙南巡图》逼真地描绘了这五座大门。由此对五门与王城礼制进行探索，以明晰五门的作用及其与三朝的关系，五门除了是大臣与君主之间商议、决策国家政事的场所之外，也是民众表达诉求的地方，是顺天应民的象征。

在紫禁城中，有一座建筑与读书人相关，这座建筑就是太和门。过了五座门，要进入三朝大殿，登阶入堂，太和门是必经之门。太和门与它前面的五座门不同，建有台阶，这就是读书人梦中的“玉阶金阙”。科举考试在古代是立国之本，它塑造了古代文化及所带来的社会风气。在明清两代，殿试是在大朝正殿举行的，明代名奉天殿（皇极殿），清代改称太和殿。考生在太和殿丹墀上作答。考试结束后还要于太和殿举办隆重的传胪典礼，说明了古代对教育及选拔人才的重视。孔子好学，提倡学而优则仕，历朝历代继承了这个传统并成为国家之根本。

在紫禁城乐寿堂，陈设了一座重达9000斤的《大禹治水图》玉山，歌颂大禹治水的伟业。在镌刻于玉山上的《题密勒塔山玉大禹治水图》一文中，乾隆明确了黄河的源头在大禹时已确定出自昆仑。而《大禹治水图》玉山就是用昆仑之玉雕琢的，这难道不是继承和弘扬了大禹治水的功德吗？于是乾隆在颐和轩东西板墙上刻《西师诗》和《开惑论》，一方面记录平叛经过，一方面又起到祛疑开惑、昭示来许的作用，期与大禹治水的功业相对应。

本书最后一章，对明清两代三大殿命名的思想渊源进行了探索，认为要实现和的理想状态，必须保持内心的中正仁和。"中正仁和"是养心殿悬挂的一块匾。中正，虽然表面上看是刚健不屈，正直无私，但实际上它强调的是如何处理好刚柔、阴阳的关系，"文明以健，中正而应"，刚柔相济，阴阳相和，故中正的本质是仁和。明代三大殿命名的思想渊源以《尚书》尊奉天道、惠爱百姓为本，强调的是仁孝。清代则站在"和"的高度，主张只有和，万物才能各安其命，各司其职，共生共处。其背后是《中庸》《礼记》等儒家经典的支撑，思想渊薮千年相传，星火不灭。

本书从儒家的精神价值观"仁"的形成说起，然后阐述北京城与尧都的关系，接着从紫禁城的整体结构剖析五门三朝所蕴含的传承脉络及价值变迁。进而深入一座具体的门，通过它来探索古代中国的科举考试制度，详细考证科举考试在紫禁城里的记忆，并剖析科举考试对古代中国文明进程的影响。再深入一座宫殿里的《大禹治水图》玉山陈设，将大禹治水与乾隆治疆连接在一起，以示告成厥功。最后深入到殿中一块

“中正仁和”匾的陈设，以揭示天下之大道，最终实现儒家终极目标：赞助天地化育万物。本书层层递进，支分节解，使之脉络贯通，希冀彰文物以纪声明。

以“正谊明道”匾开始，以“中正仁和”匾结束。正谊明道是汉代董仲舒提出来的，中正仁和是清代雍正提出来的，前者强调道与义是最大的功利，后者强调内心的中正仁和为立身之本，二者一脉相承。只有当人把道义看成功利，不受外界功利的约束，才能保持内心的中正仁和，有了内心的中正仁和，才能以仁为本，坚守传统。

通过对紫禁城及遗存文物藏品的研究，我们可以穿透千年时间所带来的迷障，认清、还原它的本原面目，理清其承续的脉络。儒家思想贯穿了整个中国古代社会并成为其文化根基，扎根于这片沃壤之中，不断创造出“苟日新，日日新”的文化境地。紫禁城受此浸润，成为儒家文化传统的重要载体，彰显弘扬了儒家文化精神。

目录

第一章 顺天理物与德教之正

紫禁城不是凭空产生的，是儒家文化与精神的产物，是传统文化的结晶。要讲清楚紫禁城背后所隐藏的中华文化传承脉络，董仲舒与汉武帝的三次策对是不能越过的。因为中华文明主要是农耕文明，而农耕文明是以家庭形态为主的，家庭是这个文明的核心细胞。孟子说："五亩之宅，树之以桑，五十者可以衣帛矣。鸡豚狗彘之畜，无失其时，七十者可以食肉矣。百亩之田，勿夺其时，数口之家可以无饥矣。谨庠序之教，申之以孝悌之义，颁白者不负戴于道路矣。"农耕社会首先是要解决吃饭的问题，解决了吃饭的问题后，则是要解决教化的问题，教化的根本在于孝悌。孝悌问题就是家庭问题，《论语》曰："孝弟也者，其为仁之本与！"仁存在于对亲人的爱中。汉武帝面临的问题就是教化的问题，学校应该说是从汉武帝时才兴盛起来的。农耕文明的核心精神"仁"，则是汉武帝与董仲舒策对时的中心话题。顺天理物，德教之正，万民才能安仁乐义，各得其宜。紫禁城的核心问题也是"仁"，二者之间存在着某种递传关系。

一、一块“正谊明道”匾

将儒家思想作为治国思想是从汉武帝时开始的，这与董仲舒的远见卓识分不开，他以天道主生“在德不在刑”的观念说服了汉武帝，并以他提出的“正谊明道”作为这次尊儒的辉煌成果而载入史册。天命之厚重，思想之纯洁，董仲舒被称为汉代最醇儒而彪炳史册。

1800年后，在清代紫禁城中，陈设了一块“正谊明道”匾，乾隆书写，悬挂于漱芳斋明间，思启千载，光耀后世。该匾为紫檀木边框骚青纸绢尽金花匾，制作于乾隆十一年（1746年），档案记载：“正月初四日，太监张良栋来说首领文旦奉旨，重华宫正谊明道明间着做匾一面，钦此。于三月二十五日，副催总德福将做得檀木边骚青绢尽金花匾一面持进挂讫。”[①] 另一件与此相关的文物是紫檀木《赋得正谊明道八韵》

“正谊明道”匾

① 中国第一历史档案馆、香港中文大学文物馆合编：《清宫内务府造办处档案总汇》第14册，人民出版社2005年版，第473页。

诗屏风，该屏风制作于乾隆二十六年（1761 年），档案记载："五月十三日，郎中白世秀、员外郎寅著来说太监胡世杰传旨：重华宫正谊明道现安三屏风上商系起下，另画万字回纹花，拉道填金，心子磨平，另刻字。再两边画门，着收什线缝，钦此。于闰五月初八日，郎中白世秀、员外郎寅著将正谊明道三屏风画得回文边样持进交太监胡世杰呈览，奉旨照样准做，钦此。于六月初十日，郎中白世秀将另做得回文边花样填画泥金紫檀木三屏风一座持进安设讫。"[1] 乾隆对原陈设的紫檀木三屏风不满意，将三屏风沿边缘拉到成长方形再刻万字回纹填金，原刻字的屏风心磨平，另刻字填金，中扇屏风刻《赋得正谊明道八韵》诗一首填金，诗曰：

天人三策对，帝命相江都。
爰致卒然问，惟陈卓尔谟。
道明功岂计，谊正利休图。
试辟鲁咨柳，堪知粤伐吴。
称羞五霸诈，较识一仁无。
终得骄王革，何妨谀相诬。
政经真法训，汉室最醇儒。
诠义书屏扆，将为出治模。

---

① 中国第一历史档案馆、香港中文大学文物馆合编：《清宫内务府造办处档案总汇》第 27 册，人民出版社 2005 年版，第 267—268 页。

诗后落款“辛巳仲夏月御笔”，辛巳即乾隆二十六年（1761 年），左右两扇刻御制句填金“言动协规箴，唯敬作所”和“都俞垂典诰，主善为师”。

紫檀木《赋得正谊明道八韵》诗屏风

天人三策对：指汉武帝与董仲舒之间的三次问答。

相江都：指董仲舒被汉武帝委派至江都（今长沙）做易王刘非的国相。

卒然：《庄子》“故君子远使之而观其忠……卒然问焉而观其知”，突然之意。

卓尔：《论语》“如有所立卓尔”，这里指卓越的才能。

道明功岂计：道明于天下非计功。

谊正利休图：“谊”通“义”，义正于天下非图利。

鲁咨柳：鲁国国君咨询柳下惠伐齐国事。

粤：指越国。

五霸：指春秋五霸。

骄王革：骄王指汉武帝，革即革新，指尊崇儒家、罢黜百家的改革。

汉室最醇儒：指董仲舒提倡不以功利为本，而要以道义为本，故为汉代最纯粹的儒家学者。

屏扆：指屏风。

都俞：《尚书》记载尧、舜与臣下对话时所发出的语气声音，比喻君臣之间论证之和洽。这些细节均被记载于《尧典》和《舜典》中，以为万世垂典。

主善为师：《尚书·咸有一德》“德无常师，主善为师”。

这两件文物均陈设于漱芳斋明间。明间是一个御座空间，设宝座屏风，“正谊明道”匾悬挂于屏风的横楣上。漱芳斋原为乾清宫西一所，乾隆即位后对潜邸西二所进行改造时，把乾西五所一并纳入改造范围之中，西一所改造后名曰漱芳斋。

乾隆在《赋得正谊明道八韵》诗中对历史上董仲舒与汉武帝的三次策对进行了陈述和赞美，发表了自己的意见，称董仲舒是汉代最醇儒，汉武帝的革易为骄王革新，“仁人者，正其谊不谋其利，明其道不计其功”是真法训，要把三次策对的真谛书于屏风上，作为治政良谟。

何为“正谊明道”？

让我们飞越历史，回到 2100 多年前的汉武帝时代。

二、董仲舒三次策对的具体内容与主张

据《汉书》记载，汉元光元年（公元前 134 年），为了寻天下名士，问治国良策，汉武帝下令郡国举孝廉、策贤良，向中央输送治国人才。所谓孝廉，即孝子廉吏；贤良，即有特殊才能的人，二者均由地方推举。将贤良推举到中央，照例由中央政府提出政治上的几个重大问题，并写在竹简上，向他们请教，这就叫策问。针对这些策问，贤良们发表意见，这叫对策。政府看了他们的意见，再分别挑选任用，贤良们能很快获

得一个较好的政治身份，这是中央选拔人才最直接的方法。[①]笔者想起《论语·子路》篇中，仲弓问政，子曰“举贤才”，汉武帝此举，与圣人之意相符。

汉武帝时举荐的贤良文学之士有100多人，只有董仲舒对答过汉武帝有关政治、经义的三次策问。[②]董仲舒在众多的贤良中脱颖而出，清代乾隆称他“爰致卒然问，惟陈卓尔谟”，指汉武帝突然提问，董仲舒马上能回答，并提供了卓越对策。他一生经历三朝，度过了西汉王朝的极盛时期，特别是汉武帝时，他的对策被汉武帝采纳，“诸不在六艺之科、孔子之术者，

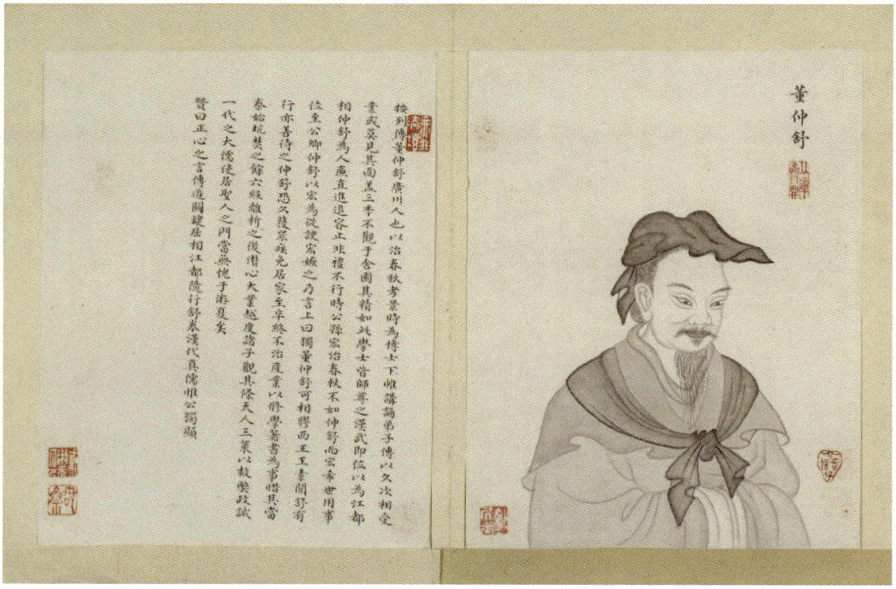

董仲舒画像（采自《清人画帝王名臣像册》）

① 钱穆：《中国历代政治得失》，生活·读书·新知三联书店2023年版，第14页。

② [汉]班固：《汉书》卷五六，中华书局1983年版，第2495—2524页。

皆绝其道，勿使并进”，儒家始登入庙堂，以德治国终成现实，儒生治国亦自此始。同时代的司马迁记：“董仲舒，广川人也。少治春秋，孝景时为博士。下帷讲诵，弟子传以久次相授业，或莫见其面，盖三年不窥园，其精如此。进退容止，非礼不行，学士皆师尊之。”

（一）第一次策对

朕获承至尊休德，传之亡穷，而施之罔极，任大而守重，是以夙夜不皇康宁，永惟万事之统，犹惧有阙。故广延四方之豪俊，郡国诸侯公选贤良修絜博习之士，欲闻大道之要，至论之极。今子大夫褎然为举首，朕甚嘉之。子大夫其精心致思，朕垂听而问焉。盖闻五帝三王之道，改制作乐而天下洽和，百王同之。当虞氏之乐莫盛于韶，于周莫盛于勺。圣王已没，钟鼓管弦之声未衰，而大道微缺，陵夷至乎桀纣之行，王道大坏矣。

汉武帝刘彻说自己继承了先帝之位及美德，就要把它传下去，不能亡在自己手中，所以责任重大，任重而道远。承认自己虽然勤奋，但找不到方法和方向，心生担忧，行动上小心谨慎，唯恐出了差错。于是才有了广招四方贤士的举措，就是为了听听这些人士的治国方略、最佳建议。因董仲舒明先圣之业，习俗化之变、终始之序，故汉武帝对董仲舒说道：“夫子

汉武帝表章六经图（采自明代张居正《帝鉴图说》）

成了贤良中的第一个对策者，须认真构思，朕要亲自聆听、仔细提问。”

汉武帝的问题是：

第一，五帝即黄帝、颛顼、帝喾、尧、舜五帝，三王即夏禹、商汤、周文王，他们的治道是以建立礼乐为基础的，为何钟鼓管弦之声并没有衰竭，而王道却衰败了？乃至出现了像桀纣那样的倒行逆施，从此开始，王道大坏。

第二，在春秋战国时代的500年间，为何统治者都想效法先王之道，但却很快归于失败了呢？难道只是因为他们在执行中出现了差错而失去方向吗？

第三，如果说命运是上天安排的，为何非要推进到社会混乱、人心不古、民不聊生的时候，才终结了王朝的命运呢？为何上天不早一点让统治者改弦易张呢？

第四，师从五帝三王，还会无补于世吗？

汉武帝面对500年的治道衰败，对五帝三王的治道产生了怀疑，问道：“三代接受天命，其符瑞还在吗？灾异的出现，根由何在？”

总之，汉武帝的第一问是求治国之道。

汉武帝说，要想做到令行而禁止，刑轻而奸息，百姓愉悦，政事宣昭，瑞兆兴而膏露降，百谷丰登的天下大治，就要像老天那样德被四海，延及草木，三光齐全，寒暑缓平，漫流四方，施予民众。要求董仲舒把所了解的先王之道和自己的见识，条分缕析，有主有从，论之有理，言之有据，大胆地讲出来，不要有所顾忌，并说对董仲舒的对策，准备亲自览阅。汉武帝在寻求儒生的支持，为他找到能支撑其治国理想的思想基础，为他实现执政抱负找一条出路。他的政治舞台需要儒生的加入。

在分析董仲舒的对策之前，需要回溯到秦始皇的“挟书律”看一看，我们就明白了为何汉武帝有策贤良之举。

与汉武帝同时代的司马迁所著《史记》载：“丞相李斯曰：‘五帝不相复，三代不相袭，各以治，非其相反，时变异也。今陛下创大业，建万世之功，固非愚儒可知。且越言乃三代之事，何足法也？异时诸侯并争，厚招游学。今天下已定，法令出一，百姓当家则力农工，士则学法令辟禁。今诸生不师今而学古，以非当世，惑乱黔首。丞相臣斯昧死言：古者天下散乱，莫之能一，是以诸侯并作，语皆道古以害今，饰虚言以乱实，人善其所私学，以非上之所建立。今皇帝并有天下，别黑白以定一尊。私言而相与非法教，人闻令下，则各以其学议之，入则心非，出则巷议，夸主以为名，异取以为高，率群下以造谤。如此弗禁，则主势降乎上，党与成乎下。禁之便。臣请史官非秦记皆烧之。非博士官所职，天下敢有藏诗、书、百家语者，悉诣守、尉杂烧之。有敢偶语诗书者弃市，以古非今者族。吏见知不举者与同罪。令下三十日不烧，黥为城旦。所不去者，医药卜筮种树之书。若有学法令，以吏为师。’”[1] 李斯认为五帝的制度不互相重复，三代的制度不互相因袭，各自都得到治理，不是后代一定要与前

① [汉]司马迁：《史记》卷六，中华书局2020年版，第325—326页。

代相反，这是时代变化的缘故。针对儒生淳于越的非议，李斯提出了禁书、禁言、禁学三禁，称儒生厚古非今，混淆是非。一则天下纷乱，诸侯并起，皆因私学兴起。二则人人都以为自己的学说是最完善的，时常非议君主所建立的制度。三则议论蜂起，编造诽言谤语，影响视听。四则儒生仍在私自传授学问，一起批评国家的法令教化。五则造成上则君主的权威下降、下则党徒互相勾结。故李斯称自己冒着死罪建言秦始皇别黑白以定一尊，禁止上述情况的出现，希望下令史官把不是秦国的典籍全部烧掉。敢有收藏《诗》《书》和诸子百家著作的，都要送到郡守、郡尉那里焚毁。敢有相互私语《诗》《书》的，在闹市处死示众。以古非今的要杀死全族。官吏知情而不检举的，与之同罪。命令下达 30 天不烧掉书籍的，就在脸部刺上字，成为刑徒城旦。所不烧毁的，有医药、卜筮、农林方面的书籍。如果想要学法令，可以到官吏那里学习。《史记》载："犯禁者四百六十余人，皆坑之咸阳。"这 460 余人皆为儒生，故长子扶苏谏曰："天下初定，远方黔首未集，诸生皆诵法孔子，今上皆重法绳之，臣恐天下不安。"①

焚书坑儒，儒生被踢出了政治舞台，吏充当了教化的老师，进行严格的管理，但这并没让秦王朝保持长盛不衰，而是迅速灭亡了。这证明靠严酷的刑法治理国家是行不通的，同时也给继承秦制的汉代初期帝王一个严重的警告，促其深刻地

① ［汉］司马迁：《史记》卷六，中华书局 2020 年版，第 329 页。

反思。而经过汉初休养生息的政策后，民风并没有变得敦厚淳实，而是更加地追逐利益。客观上，迫切需要一个支撑帝国的强大思想文化体系应运而生。

第一，强调天人感应的力量。董仲舒对曰：

> 陛下发德音，下明诏，求天命与情性，皆非愚臣之所能及也。臣谨案春秋之中，视前世已行之事，以观天人相与之际，甚可畏也。国家将有失道之败，而天乃先出灾害以谴告之，不知自省，又出怪异以警惧之，尚不知变，而伤败乃至。以此见天心之仁爱人君而欲止其乱也。自非大亡道之世者，天尽欲扶持而全安之，事在强勉而已矣。强勉学问，则闻见博而知益明；强勉行道，则德日起而大有功：此皆可使还至而有效者也。诗曰"夙夜匪解"，书云"茂哉茂哉"！皆强勉之谓也。

面对汉武帝提出的问题，董仲舒首先肯定了汉武帝高瞻的视角，是"发德音，下明诏，求天命与情性"。称自己按照《春秋》所记之前代发生的事，来观察天人相与之际，深感畏惧。据此，董仲舒首先从天道来建立自己的理论依据，因为天道是至高无上的，治道源于天道。天的本性是仁爱的，故才会一而再，再而三地降下灾害和怪异来警惧统治者，使其知变，足见天心之仁爱。这是董仲舒对策的根基。这也是《易》所言"天地有大德曰生"的另一种表述。哪怕是有一线希望，天也不会让其毁灭，尽其所能使其强勉行道，以彰显德的力量。

第二，强调礼乐教化的作用。

> 道者，所由适于治之路也，仁义礼乐皆其具也。故圣王已没，而子孙长久安宁数百岁，此皆礼乐教化之功也。王者未作乐之时，乃用先王之乐宜于世者，而以深入教化于民。教化之情不得，雅颂之乐不成，故王者功成作乐，乐其德也。乐者，所以变民风，化民俗也；其变民也易，其化人也著。故声发于和而本于情，接于肌肤，臧于骨髓，故王道虽微缺，而管弦之声未衰也。夫虞氏之不为政久矣，然而乐颂遗风犹有存者，是以孔子在齐而闻韶也。夫人君莫不欲安存而恶危亡，然而政乱国危者甚众，所任者非其人，而所由者非其道，是以政日以仆灭也。夫周道衰于幽厉，非道亡也，幽厉不由也。至于宣王，思昔先王之德，兴滞补弊，明文武之功业，周道粲然复兴，诗人美之而作，上天祐之，为生贤佐，后世称诵，至今不绝。此夙夜不解行善之所致也。孔子曰“人能弘道，非道弘人”也。故治乱废兴在于己，非天降命不得可反，其所操持悖谬失其统也。

道是天的自然规律，天道主生，仁是天的本性。治道源于天道，是君主治国所遵循的基本规律和原则，故董仲舒称“道者，所由适于治之路也，仁义礼乐皆其具也”，此句是整个策对的核心基础，故治道遵循天道，仁义礼乐就成为治道的核心了。治道不是虚空的，是要按照仁义礼智来行驶的，故《孟子》说：“尧舜之道无他，仁而已矣。”复兴五帝三王的伟业，就要像他们那样推行仁政，如《大学》所言“尧舜帅天下以仁，而民从之”，这是千万世不能更改的法则。《中庸》曰：“道前定则不穷。”从历史发展角度看，三代圣王确定了礼乐教化，虽然圣王离开了我们，但后世子孙只要遵奉此治道，就会长治久安。接着董仲舒以乐来说明之，“仁言不如仁声之入人深也”，和者，乐之大本，乐的声音是从和谐的气氛中发出来的，依据于感情，接触到肌肤，深藏在骨髓。因此王道虽然衰微了，管弦之声却依然流传。所以孔子在齐国听到《韶》乐，三月不知肉味。王者功成作乐，乐其德也。《孟子》说“见其礼而知其政，闻其乐而知其德，由百世之后，等百世之王，莫之能违也”，礼乐教化的作用巨大，即使在百代之后去评价百代以来的君王，任何一个君王都不能违背孔子之道。

人君没有不希望国家安宁的，政治混乱，这是任用的人不得当，其言行举止不符合治理国家的“道”所造成的。董仲舒举例进行了说明，如周代的“道”到了周厉王、周幽王时衰落了，不是“道”亡了，而是厉王和幽王不遵循这个“道”。孔子说“人能弘道，非道弘人”，所以治乱兴废，都在于自己。世遭衰乱并不是天命不可挽回，而是人君的行为荒谬，失掉了先王优良的传统所造成的。

第三，天命所赋，使命所达，君子要做天下的表率。

> 臣闻天之所大奉使之王者，必有非人力所能致而自至者，此受命之符也。天下之人同心归之，若归父母，故天瑞应诚而至。书曰“白鱼入于王舟，有火复于王屋，流为乌”，此盖受命之符也。周公曰“复哉复哉”，孔子曰“德不孤，必有邻”，皆积善累德之效也。及至后世，淫佚衰微，不能统理群生，诸侯背畔，残贼良民以争壤土，废德教而任刑罚。刑罚不中，则生邪气；邪气积于下，怨恶畜于上。上下不和，则阴阳缪盭而妖孽生矣。此灾异所缘而起也。

董仲舒从两个方面阐释了祥瑞与灾异降临的原因。受天命的君王若按天道行使权力，推行仁道，则天下归顺，天就会降下祥瑞。如果君主淫逸奢侈，道德衰微，滥用刑罚，就会产生邪气，妖孽滋生，灾异就会发生。祥瑞与灾异的出现，都与君主有关，君主负有责任，但董仲舒给了君主一个光环，即君权神授。所谓君权神授，就是要求君王担负起教化的重任。尧舜接受天命，故要行德而使民仁寿。

接着董仲舒称人虽然各有其性命，但教化之下，人人都会向善，就像孔子说的君子德行像风，小人德行像草，风向哪边吹，草就向哪边倒。《孟子·告子章句上》曰：“性可以为善，可以为不善。是故文武兴，则民好善，幽厉兴，则民好暴。”强调了教化的重要性，“绥之斯来，动之斯和”，使人民安定，人民就来归顺，使人民得到鼓舞，人民就会同心协力。

第四，王道就是德教于天下。

> 臣谨案春秋之文，求王道之端，得之于正。正次王，王次春。春者，天之所为也；正者，王之所为也。其意曰，上承天之所为，而下以正其所为，正王道之端云尔。然则王者欲有所为，宜求其端于天。天道之大者在阴阳。阳为德，阴为刑；刑主杀而德主生。是故阳常居大夏，而以生育养长为事；阴常居大冬，而积于空虚不用之处。以此见天之任德不任刑也。天使阳出布施于上而主岁功，使阴入伏于下而时出佐阳；阳不得阴之助，亦不能独成岁。终阳以成岁为名，此天意也。王者承天意以从事，故任德教而不任刑。刑者不可任以治世，犹阴之不可任以成岁也。为政而任刑，不顺于天，故先王莫之肯为也。今废先王德教之官，而独任执法之吏治民，毋乃任刑之意与！孔子曰："不教而诛谓之虐。"虐政用于下，而欲德教之被四海，故难成也。

所谓王道即治道，本于上天之所为。春为四季之始，春天万物萌生为上天之所为，上天之所为代表正，故上天之所为是任德不任刑。王者接受天命则要承天意以从事，故任德教而不任刑。董仲舒建构了一个天人逻辑体系。对于建立儒教的教化功能起到了固基的作用。

董仲舒称《春秋》之文义，在于求证王道的开端得之于正。春是天之所为，正是王之所为。上承天之所为，以正其所为，这就是所谓正王道之端。君王想要所为，宜求其端于天，即要从天那里得到启示。天道之大者为阴阳，阳为德主生，阴为刑主杀，故阳居大夏以生育养长为事，阴居大冬以积蓄存在于空虚不用之地，所以上天是崇尚德教而不重用刑罚。上天让阳气流布于大地之上，以成就万物的成长，让阴气潜伏于地下，是为了使之不断地发挥作用为阳提供必要的帮助，以成一岁之功，这就是上天的意志。王者要承天意治理国家，任德不任刑。而今则废除了专司德教的官员，任用执掌刑罚的官吏，违背了孔子所言“不教而诛谓之虐”的原则，却企盼美好的德教在四海之内普及开来，是很难做到的。

接着董仲舒称，微臣认真探求《春秋》中所说的“一”“元”的含义，所谓一，是万物起始的开端。所谓元，指的是《周易・乾卦・文言》中所讲“元者，善之长也”，说的是元是创始。天地创生万物，人从中效法什么？效法天地生育万物的创始功能，从而发扬仁德，彰显天地的善性。元就是仁，仁就是首要的善。之所以将一称为元，是为了让人们看到，上天赐予的正确的治国之道是从万物发端的本原开始。《春秋》深刻洞悉并张扬了这一上承天意的理论，要求从最尊贵者开始。所以作为人君，先正心才能正朝廷，正朝廷才能正百官，正百官才能正万民，正万民才能正四方。四方正了，远近就没有敢不趋向于正，而且没有邪气掺杂在里面；就会出现阴阳和谐、风调雨顺、草木茂盛、五谷丰收、和祥至美的景象。这就是王道的完成。这不就是所谓的“大一统”吗？

关于大一统，《春秋公羊传》曰：“元年者何？君之始年也。春者何？岁之始也。王者孰为？谓文王也。曷为先言王，而后言正月？王正月也。何言乎王正月？大一统也。”大一统，“大”是张大之意，“统”是开端之意。正月为王者政教的开端，张大这一开端，使得政教遍及天下。“五始”指的是元年、春、王、正月、公即位。元年是天之始，春是岁之始，王是人道之始，正月是政教之始，公即位是一国之始。何休称：“《春秋》以元之气正天之端，以天之端正王之政，以王之政正诸侯之即位，以诸侯之即位正竟内之治。诸侯不上奉王之政，则不得即位，故先言正月，而后言即位。政不由王出，则不得为政，故先言王，而后言正月也。王者不承天以制号令，则无法，故先言春，而后言王。天不深正其元，则不能成其化，故先言元，而后言春。五者同日并见，相须成体，乃天人之大本，万物之所系，不可不察也。”可见王者要合乎天道施政；且自上而下有效推行，“五始”皆正，才能算是“大一统”。[1]

董仲舒由《春秋》大一统得出一切之发端在于天，天道之大者在于阴阳。为何春是岁之始？春天万物萌生，阳气充沛，是天之仁德的体现。故阳为德，阴为刑，刑主杀而德主生，以此见天道任德不任刑，此为天意。王者承天意以从事，故任德教而不任刑。为政而任刑，是违背天意的。所谓王道，就是根据阴阳和谐、百物阜生之道而推衍出的君王治理天下的治道，

① 黄铭、曾亦译注：《春秋公羊传》，中华书局 2020 年版，第 3 页。

其本质为仁，故才有他后来提出的“正其谊不谋其利，明其道不计其功”即“正谊明道”的思想。

《春秋》为孔子所著，董仲舒对《春秋》微言大义的解释，直探深底，就是要把孔子所强调的仁推行天下，只有这样，才能实现大一统的理想即天下仁风兴焉，这才是王道之正。

天以元为万物之始，以正天之端，以春为首，以正四季。月以正为始，以正岁之首月，故《春秋》以春正月为始，示王秉承天命而治理天下，统率万民。王道在于正，故作为君王首先要正心，如《大学》所言“所谓修身在正其心者，身有所忿懥，则不得其正；有所恐惧，则不得其正；有所好乐，则不得其正；有所忧患，则不得其正。心不在焉，视而不见，听而不闻，食而不知其味，此谓修身在正其心”，修身正心是人之始，也是齐家治国平天下的基础，所以作为人君“须先正身修心，要按照上天赐予的正确治国之道来审视自己的思想，端正自己的行为，从而规范朝廷的大政方针，提升百官的执政能力和百姓的道德水平，使天下最终达到民风淳朴、政治清平的大治境界”。[①]

第五，强调教化，主张变革。

凡以教化不立而万民不正也。夫万民之从利也，如水之走下，不以教化堤防之，不能止也。是故教化

① 王敬博：《刍议董仲舒〈举贤良对策〉中的治国之道》，《兰州教育学院学报》2019 年第 4 期。

> 立而奸邪皆止者，其堤防完也；教化废而奸邪并出，刑罚不能胜者，其堤防坏也。古之王者明于此，是故南面而治天下，莫不以教化为大务。立太学以教于国，设庠序以化于邑，渐民以仁，摩民以谊，节民以礼，故其刑罚甚轻而禁不犯者，教化行而习俗美也。

董仲舒称当今皇上为仁义之君，但天并没有感动，祥瑞也没有出现，究其原因，是政教风化的制度没有确立，百姓的思想行为不端正。从人性本恶的角度看，百姓都是崇尚私利的，如同水总要向下流一样，所以道德教化如同河道的堤防，没有堤防，汹涌的洪水就会泛滥成灾。所以古之圣王皆以教化为施政大务，《孟子》称："饱食、暖衣、逸居而无教，则近于禽兽。圣人有忧之，使契为司徒，教以人伦。"言下之意在于汉初推行的道家无为政策，使民性得到了放纵。《大学》曰："大学之道，在明明德，在亲民，在止于至善。"程颐说"亲"当作"新"，即革新、自新。新民，使人弃旧图新，去恶从善。古之圣王明白这个道理，南面而治天下。由此董仲舒自然推证出行政教的措施是在都城设立太学，实施国家教育；在县城设立学校，实施地方教育。用"仁"来教养人民，用"义"来感化人民，用"礼"来节制人民，也就是要在全国尊崇儒教。

要推崇儒教，则要进行更化变革。董仲舒说，周文王继承大统，将原来那些有悖上天之道的旧政策、旧体制全部废止、摒弃，重新确立政教制度并在全国推行开来，形成美好的社会风俗，国运长久。到了周王朝的末年，统治者完全背离了这条正确的治国之道，以致失去了天下。秦统一天下后，不思更化，反而变本加厉地实行严苛的刑罚，颁布“挟书律”，禁止人们传播文化，不讲为人的礼仪、做人的道义，违背了正确的治国之道，始皇立为天子 14 年就灭亡了。如今汉在秦之后立国，国家的现状就像烂木头、粪土墙，陛下虽然有治理好的愿望，却没有达到目的的办法。因此董仲舒打了一个比方，琴瑟之间不协调，就要调试，相应地，政策不合时宜就要做出变革，陛下时刻想着将国家治理好而至今没有达到目的，失误就在于应当变更过去那些不合时宜的政策而没有变更。大汉立国已经 70 多年了，与其在旧制度的基础上惨淡经营、维持现状，不如重新制定新的政策取代过时的旧政策。“德之不修，学之不讲，闻义不能徙，不善不能改，是吾忧也”，所以董仲舒第一次提出了仁、义、礼、智、信“五常之道”，君主应当学习研究并要认真遵守，按照五常之道去处理政事、规范君主自己的行为，就能得到上天的帮助。

所谓“五常之道”，指仁、义、礼、智、信为五种恒常不变的治国的道德规范、言行准则，因为“盖自天降生民，则既莫不与之以仁义礼智之性矣”，仁、义、礼、智、信是人的本性，是与生俱来的，尊重人的本性，并把它发展为“五常之道”，是符合人性的。常，东汉许慎《说文解字》释曰：“常，下帬也。从巾，尚声。裳，常或从衣。”“常”从日常之物生发出平常之义，后发展为崇尚流行的含义，进而引申为恒久理论和普遍道理。因此“五常”不仅是治国的价值大纲，从上到下皆要遵守，作为帝王，更应该秉承“五常之道”来施政育民，从而确立起“五常之道”崇高而不可撼动的地位。从天子以至于庶民皆以修身为本，修身之法即为“五常之道”，“五常之道”是儒家的基本道德准则，如此儒教的地位也就确立起来了，任何人都要在“五常之道”下安身立命，敦行致远。

王敬博先生在《刍议董仲舒〈举贤良对策〉中的治国之道》中称：“治国之道的第一个重要内容即是五常之道。它强调社会责任，力图规范社会行为，高度的社会责任感和道德感召力传承至今仍拥有广泛的社会认同感。可以说，五常伦理观念深刻影响了中华民族道德素质的养成与道德人格的塑造，是中华民族发展中道德精神的主线。”[①]

第一次策对，董仲舒以《春秋》大义作为论证的基础，不仅把天意、圣王联系在了一起，而且强调了天人感应和礼乐教化的作用。君主要承天意以治天下，发扬仁德，勇于变革，实现德教于天下的大一统。回答了汉武帝提出的治乱兴衰的周期性历史问题，并给出了解决之道。

（二）第二次策对

汉武帝的第二问，寻找治国之术。大舜与木石居与鹿豕游，而天下大治；周文王发愤图强，没有时间吃饭，也把国家治理得路不拾遗。汉武帝对先圣帝王的治国之术进行了分析，

① 王敬博：《刍议董仲舒〈举贤良对策〉中的治国之道》，《兰州教育学院学报》2019 年第 4 期。

为什么不一样呢？为什么有劳逸即有为与无为的区别呢？秦国效法殷人，施行严刑峻法，后果是怨声载道，矛盾激化。而自己效法前帝之法，勤于政事，夙寤晨兴，不敢有丝毫懈怠，还亲自耕耘藉田以为农人的榜样，却在功德方面收效甚微。面对现在的阴阳错位，恶气充塞，群生少减，黎民不安，廉耻紊乱，却又找不到内中真正的原因，所以才尽力延请有特殊才能的人，大胆发表自己的意见，提出明确的治国方略，同他们切磋探求。

董仲舒针对汉武帝的提问，说明任用贤臣治国和制礼作乐的重要性。首先董仲舒称尧受天命，选贤任能，诛逐乱臣，于是教化大行，天下和洽。此说本于《尚书》“圣王治世，贤臣辅佐”的治道传统。董仲舒接续了千年文脉，从此激励了无数儒家学者的入世情怀，出任政府官员、辅佐君王治理国家、传承中华文脉乃道义所在，理所当然，是历史赋予的责任。

尧舜禹能无为而治，天下太平，是因为任用贤明之臣，实施德政，教育感化百姓，百姓崇尚仁德，信守道义，每个人都各得其所，安于所居，举止合乎礼仪规范，行为符合道德伦理。而纣却背逆天道，重刑辟，杀害贤臣，荼毒生灵，《史记》载：“纣愈淫乱不止。微子数谏不听，乃与大师、少师谋，遂去。比干曰：‘为人臣者，不得不以死争。’乃强谏纣。纣怒曰：‘吾闻圣人心有七窍。’剖比干，观其心。箕子惧，乃详狂为奴，纣又囚之。殷之大师、少师乃持其祭乐器奔周。”[1]而周

---

① ［汉］司马迁：《史记》卷三，中华书局2020年版，第139页。

文王像对待师长一样尊重贤明之人，《孟子·离娄章句上》称："伯夷辟纣，居北海之滨，闻文王作，兴曰：'盍归乎来！吾闻西伯善养老者。'太公辟纣，居东海之滨，闻文王作，兴曰：'盍归乎来！吾闻西伯善养老者。'二老者，天下之大老也，而归之，是天下之父归之也。"帝王治理国家的规范是一样的，之所以劳逸不同，是他们所处的时代不一样。治理百姓，就要像周文王那样不大声以色，不长夏以革。不对百姓大声呵斥，对百姓不使用皮鞭。上述圣帝明君治理天下，有无为与有为之分，但其背后都有一个坚守，即行之有道，取之有义。因民之所利而利之，择可劳而劳之，欲仁而得仁。

教化百姓一在于礼乐制度的确立，改正朔，易服色，以符合上天的要求。二是要学习，使人性向善。常玉不琢，不成文章；君子不学，不成其德。圣王治理天下的道理，是在年轻时让人努力学习，长大成人后授予某种官职以测试才干，给予丰厚爵位俸禄以培养他们的品德，用严厉刑罚来惩处他们的过失，于是民众熟悉礼义而耻于犯上。强调教化能使社会形成仁义之风，这是严酷的刑法达不到的。

董仲舒又以秦作为反面教材，认为秦国任用申不害、商鞅，奉行韩非学说，仇视帝王治道，将贪婪推广到了全国，而不是用文德使天下归心，人人造伪饰诈，见利忘义，酷吏当道，奸邪不息。所以孔子说，用政令来治理百姓，用刑法来整顿他们，老百姓只求能免于犯罪受惩罚，却没有廉耻之心；用道德引导百姓，用礼制去同化他们，百姓不仅会有羞耻之心，而且有归服之心。

董仲舒直言，陛下要确立主观意识，就是曾子所说的尊重那听说到的，自己就会高明起来；执行那正确的，事业便会光大起来。高明光大，不在于其他方面，而起作用的在于自己的自觉意识，也就是要遵儒家之言，诚心诚意地身体力行，让儒家思想成为行动的指南。针对汉武帝勤劳政事而收获甚微的提问，董仲舒回答称，根源在于“士素不厉也”，即读书人没有被调动起来。孔子早就说过“耕也，馁在其中矣；学也，禄在其中矣。君子忧道不忧贫”，所以要养士，“故养士之大者，莫大乎太学；太学者，贤士之所关也，教化之本原也”。所谓太学，就是教之以穷理、正心、修己、治人之道，教学的内容是人君亲身经历的经验、教训和心得。太学学习是为了让学生明白自己所固有的天赋本性，职分所应当做和不应当做的，不要求学习民众日常生活规则和伦理之外的知识。所以要以太学为先，让太学成为贤士们入仕的必经之途，这是教化的根本。而今郡国的官员，非贤良之策者，这是王道断绝的重要原因。让从太学毕业的学生成为从中央到地方的官员，以作为民众的表率，因为只有他们才能承担起继承传统、宣布教化的重任。而他们又都是天子的门生，能辅助天子治理天下，故人君的美德就会得到传播，恩泽就会推及民众。只有这样，太学才能得到复兴，贤良之士才能得到重用，他们才会砥砺前行。

在政府与百姓之间起重要作用的是郡守和县令，他们是否贤良，决定着承流与宣化的程度。如果他们为官失职，又没有儒家精神，则只会暴虐百姓，与奸为市，靠资历提升，而不是靠贤能获得晋升。需责令各个诸侯、郡守、二千石选择所治之地的贤士，每年各贡献两个贤良给朝廷做宿卫，以此考察大臣们的才能，贡献了贤士就给予奖赏，推举了不肖之人就进行处罚。革新官员任用制度，贵德而尊士，使贤者在位，能者在职。调动士人的积极性，让他们承担教化的重任，这无疑是一次震古烁今的变革。

（三）第三次策对

汉武帝听取了董仲舒的两次回答，第三次提问，称先生的学问在于明晓阴阳的造化之功，熟悉先圣们的德业，然条贯不一，统纪未终。虽著明了大道的终极，陈述了治乱的开端，应该熟悉它研究它，考察它并再次阐释它，使之清晰明了，充分发挥其文采的作用，做好宣传。汉武帝表明了态度。

董仲舒回答说要像圣人那样有始有终，把所言贯彻到行动中去。并谦虚地承认了前两次的策对，条贯未竟，统纪不终，词不达意，旨趣不明。

董仲舒就汉武帝提出的“善言天者必有征于人，善言古者必有验于今”作了进一步的阐释和发挥。天是万物的主宰，却大公无私，为了让万物生长，建日月风雨以和之，经阴阳寒暑以成之，故圣人法天立道，溥爱无私。对百姓布施仁德，用礼义引导百姓。天之春、夏、冬，对应仁、德、刑。治道其实就是天道的反映。孔子作《春秋》是上符天道，下合人情，既参考了古代，又考察了当今，与天地流通而往来相应。所以古代重视教训之官，用德善来教化人民，就是与天保持一致，所以人民向善。而今则废止教化，无以化民，人民则抛弃仁义而追逐利益。

上天的令称为命，命，只有圣人才会执行；质朴称之为性，性，只有教化才能养成；人欲称之为情，情，没有制度就无法节制。所以人君要恭谨地承受天意，顺应天命；认真地教化人民，使人民养成质朴的人性；端正法度，分别上下，以抑制其欲望。做好这三件事，根本就牢固了。

人受命于上天，便会超然有异于群生，就会明晓天性，知道自己比物高贵；知道自己比物尊崇，就会懂得仁义；懂得仁义，便会重视礼节；重视礼节，便能一心一意行走善道；安处善道，就可以高兴地依顺物理；依顺物理，就能够称得上君子。所以孔子说："不知命，无以为君子也；不知礼，无以立也；不知言，无以知人也。"

面对汉武帝提出的问题"上嘉唐虞，下悼桀纣，浸微浸灭浸明浸昌之道，虚心以改"，董仲舒给出的答案是积少成多，聚小致大，所以圣人莫不以暗致明，以微致显。因此，尧从诸侯升位天子，舜从历山之中兴起，并不是一天时间就显著的，而是慢慢发展进步的结果。尧兢兢业业日行其道，舜战战兢兢日致其孝，积善而名显，彰德而身荣，这就是渐明渐昌的道理。暴逆不仁，不是一天就要灭亡的，也是慢慢发展的，因此桀纣虽然无道，还在王位 10 多年，这便是渐微渐灭的道理。

董仲舒提出天道是不变的，故尧舜禹三王始终坚守一道而天下和洽，从而证明儒家祖述尧舜之道的正确性与永恒性。

汉武帝问："三王之教所祖不同，而皆有失，或谓久而不易者道也，意岂异哉？"针对这一发问，董仲舒的回答是：圣王坚守的道是不会改变的，因为道之大原出于天，天不变，道亦不变，是以禹继舜，舜继尧，三圣相受而守一道。三王之道的开端不同，不是相反，拟将救溢扶衰，而所遇到的情况却发生了变化。改正朔，易服色，是为了顺应天命，其余的则完全遵循尧道，因此人君只有改制之名，而无变道之实。所以孔子说："殷因于夏礼，所损益可知也；周因于殷礼，所损益可知也。其或继周者，虽百世可知也。"子张问，今后十代的情况可以知道吗？孔子说，殷代沿袭夏代的礼仪制度，增添的和废弃的可以知道。周代沿袭殷代的礼仪制度，增添的和废弃的可以知道。那么，继承周代的朝代，就是一百代也是可以知道的。由此可见，承继治世的道是相同的，承继乱世的道才会有改变。至此，董仲舒才说出了这句话，陛下拥有明德嘉道，怜悯世俗的菲薄，哀悼王道的不昭，故荐举贤良方正之士，议论考问，将要复兴仁义美德，彰显圣王法制，建立太平之道。

最后，董仲舒思考了这样一个问题：怎样才能不与民争利？他认为古代社会上下和睦，习俗美盛，不下命令事情就能做好，不发禁令奸邪就可止息，吏中无坏人，民中无盗贼，牢狱空虚，德润草木，泽流四海，凤凰来朝，麒麟来游，是因为遵循了天道即人人认同了"夫天亦有所分予，予之齿者去其角，傅其翼者两其足，是所受大者不得取小也"，上天赐予牙齿的则不分配角，分配给双翅的则只有两只脚，这其中的道理便是接受了大的就不能获得小的之道理。有俸禄的官员，不得去种地，去经商，道理也是接受了大的就不能获得小的之道理，这与上天的意旨相同。而今身宠又有高位，家富还食厚禄，于是便凭借着高官厚禄，与天下的百姓争利，这不仅违背了天理，也违背了圣人之言。孔子曰："齐景公有马千驷，死之日，民无德而称焉。伯夷、叔齐饿于首阳之下，民到于今称之。其斯之谓与？"《大学》曰："畜马乘不察于鸡豚，伐冰之家，不畜牛羊；百乘之家，不畜聚敛之臣。与其有聚敛之臣，宁有盗臣。此谓国不以利为利，以义为利也。"你好义，民众便会向往仁义而风俗大变；你好利，百姓便会邪恶放纵而风气大坏。"天子大夫者，下民之所视效，远方之所四面而内望也。近者视而放之，远者望而效之，岂可以居贤人之位而为庶人行哉！"从天子到官员，要严于律己，惟善以为宝。

春秋大一统者，天地之常经，古今之通谊也。今师异道，人异论，百家殊方，指意不同，是以上亡以持一统；法制数变，下不知所守。臣愚以为诸不在六艺之科孔子之术者，皆绝其道，勿使并进。邪辟之说灭息，然后统纪可一而法度可明，民知所从矣。

董仲舒的结论为：《春秋》大一统思想，为天地之常经，古今之通义。其根本思想是天的仁德体现，奉行仁义之道，则可实现天下太平的理想。如今师异道，人异论，百家主张，旨意不同，所以上边不能一统；法制多次改变，下边不知道如何维护。那些不在六艺之科和孔子之术的学说，应该全部禁绝，设法废黜。邪辟之说灭熄之后统纪就能一致，法度即可彰明，老百姓也就有了跟随的目标。

汉武帝与董仲舒二人之间的三次问答，最终使儒家思想成为治国安邦之思想。

在三次策对中，董仲舒始终坚持《春秋》大义。《春秋》以春为一年之始，正月为王者政教的开端，张开这一开端，才能使政教遍及天下，这就是《春秋》大一统的真谛，也是董仲舒策对的根本，说明天道主仁，人道主善，以此立教，则德润四海，泽臻草木，三光全，寒暑平，受天之祜，享鬼神之灵，德泽洋溢，施乎方外，延及群生。这就是顺天理物、德教为正的原因，亦即正谊明道千年传续的原因。

三、开启文明新纪元

对既毕，天子以仲舒为江都相，事易王。易王，帝兄，素骄，好勇。仲舒以礼谊匡正，王敬重焉。久之，王问仲舒曰："粤王句践（即越王勾践）与大夫泄庸、种、蠡谋伐吴，遂灭之。孔子称殷有三仁，寡人亦以为粤有三仁。桓公决疑于管仲，寡人决疑于君。"仲舒对曰："臣愚不足以奉大对。闻昔者鲁君问柳下惠：'吾欲伐齐，何如？'柳下惠曰：'不可。'归而有忧色，曰：'吾闻伐国不问仁人，此言何为至于我哉！'徒见问耳，且犹羞之，况设诈以伐吴乎？由此言之，粤本无一仁。夫仁人者，正其谊不谋其利，明其道不计其功。是以仲尼之门，五尺之童羞称五伯，为其先诈力而后仁谊也。苟为诈而已，故不足称于大君子之门也。五伯比于他诸侯为贤，其比三王，犹武夫之与美玉也。”王曰：“善。”

董仲舒在三次策对中，始终坚持天道主仁之说，所以清代乾隆说，他是汉代最纯粹的儒生，“汉室最醇儒”。对策结束后，董仲舒被任命为江都相，事易王刘非。易王是汉武帝的兄长，性情骄横，好勇斗狠。董仲舒经常用礼义劝谏匡正易王，即是董仲舒策对思想的实践。有一次易王问董仲舒：“粤王句践（即越王勾践）与大夫泄庸、种、蠡谋伐吴，遂灭之。孔子称殷有三仁，寡人亦以为粤有三仁。桓公决疑于管仲，寡人决疑于君。”越王勾践与三位大臣泄庸、文种、范蠡用计谋灭掉了吴国，孔子称殷有三位仁人，刘非认为这三位也算仁人，并把董仲舒比作辅助齐桓公称霸诸侯的管仲，也就是希望董仲舒要像管仲辅助齐桓公一样来辅助自己，以篡夺中央政权。针对易王所问，董仲舒进行了匡正，他举了一件事来说明，鲁君咨询柳下惠伐齐，柳下惠回答说不可。他回家后，面有忧虑之色，对妻子说，我听说攻打别的国家不去问有仁德的人，国君问我，说明我还不是一个仁者。清代乾隆诗“称羞五霸诈，较识一仁无”，越灭吴靠的是诈，本无一仁，与春秋五霸本质上是一样的。五霸与三王相比，犹如珷玞与美玉。由此，董仲舒提出了著名的“正谊明道”之说，“夫仁人者，正其谊不谋其利，明其道不计其功”，“谊”通“义”。仁者，一定是仗义的，不会去妄求眼前的利益，也一定不会不顾道德去盘算非分的功业。也就是让道明于天下，就是最大的德；让义正于天下，就是最大的功。董仲舒以他的言行，证明了他的坚守。南宋楼钥对此给予了极高的评价，称“正其谊不谋其利，明其道不计其功……是皆真得吾夫子之心法，盖深于《春秋》者也”。乾隆诗“诠义书屏扆，将为出治模”，仍以此作为治国之圭臬。

要把国家带向何处？这是汉武帝思考的问题，因为他面对的是千年未有之变局。法家思想不能用，因为秦王朝就是最好的教训；汉初采取黄老的无为思想治国，但百姓弃捐礼义，习俗薄恶，抵冒殊扞，万民从利，教化废而奸邪并出，如孟子所言：“不仁而在高位，是播其恶于众也。上无道揆也，下无法守也。朝不信道，工不信度，君子犯义，小人犯刑。”不仁者处于统治地位，就会把他的罪恶传播给民众。在上的没有道德规范，在下的没有法律制度，朝廷不相信道义，工匠不相信尺度，官吏触犯义理，百姓触犯刑法。出现这些乱象，原因就在于没有建立儒家的道德价值体系。董仲舒的策对则为汉武帝建立了这个体系，拨开云雾，终现光明。董仲舒在策对中引用最多的是《论语》，以彰显圣人之言，并以《春秋》大义统贯全文。致力于以德教化民众而使社会风气大变，这是仁的最高境界。

汉武帝与董仲舒之间的问答，彻底改变了汉武帝对儒生及儒家思想的看法，提升了儒生的政治地位，为礼乐社会的形成奠定了理论基础。汉武帝时的太学，是培养官员的摇篮。太学，全国只有一所，里面的学生毕业考试分为两等，当时称科。甲科出身为郎，乙科出身为吏。郎留在中央，作为皇帝身边的侍卫，吏则要回到地方政府充当吏职。这些吏职官员在地方政府工作一段时间后，通过举孝廉上到朝廷。这些补吏到了朝廷，并不能像贤良般有较好的出身，较快的升迁，他们大抵还是被安插在皇宫里做一名郎官。但正是由于这一举措，从汉武帝开始，政府官员渐渐变成都是读书人出身了，钱穆称之为读书人的政府，即士人政府，一个崇尚文治的政府，一个开启了优雅文明的政府。[①] 从此“群士慕向，异人并出”，文治昌盛，汉王朝成为当时的文明大国，中国古代社会也从此发生了天翻地覆的变化。

---

① 钱穆：《中国历代政治得失》，生活·读书·新知三联书店 2023 年版，第 14—17 页。

恒久咸味

第二章

定中与礼乐仁德

董仲舒与汉武帝的三次策对中，一再强调天道，称天不变道亦不变。紫禁城原称禁中或省中，是测天的产物。农耕社会首先要解决吃饭问题，关键在于孔子说的“使民以时”，也就是孟子说的“勿夺其时”。农时就是天时，农耕催生了天文历法。天覆盖于人的头上，显示了其巨大而无穷的力量。先民通过测天，找出了天的中心，认为所有的力量都源于这个中心。天产生万物，具有善性，仁也就成为儒家最高道德标准。

一、紫禁城起源与引绳测天

（一）《五帝本纪第一》

中国第一部纪传体史书是汉代司马迁的《史记》，以《五帝本纪第一》开启中华民族的历史和文化之源。五帝即黄帝轩辕、颛顼帝高阳、帝喾高辛、帝尧放勋、帝舜重华。黄帝有二十五子，老大玄嚣，老二昌意。帝颛顼是黄帝之孙，昌意的儿子。帝喾是黄帝的曾孙，蟜极的儿子，玄嚣的孙子。帝尧是帝喾的儿子。帝舜父为瞽叟，瞽叟父为桥牛，桥牛父为句望，句望父为敬康，敬康父为穷蝉，穷蝉父为颛顼。五帝同根同族同源，他们都是华夏文明的开拓者。黄帝顺天地之纪，抚万民，

黄帝画像（采自《清人画帝王名臣像册》）

度四方，和万国。东至于海，登丸山，及岱宗。西至于空桐，登鸡头。南至于江，登熊、湘。北逐荤粥，定都于涿鹿之阿，为中华民族奠定了辽阔的疆域。帝颛顼养材以任地，载时以象天，依鬼神以制义，治气以教化，洁诚以祭祀。帝喾仁而威，惠而信，修身而天下服。帝尧其仁如天，其知如神，能明驯德，以亲九族，便章百姓。帝舜行厚德，远佞人，播时百谷，敬敷五教，明其刑德，天下明德皆自虞舜始。

在五帝之中，尧舜二帝成为儒家的理想化人物。尧能放上代之功，开天定四时，舜明于庶物，察于人伦，制定礼乐典章，故《中庸》称："祖述尧舜，宪章文武，上律天时，下袭水土。"所以作为古代中国文化象征的儒家文化，远宗尧舜之道，近法文武典章，上遵循天时，下符合地理。就如同天地那

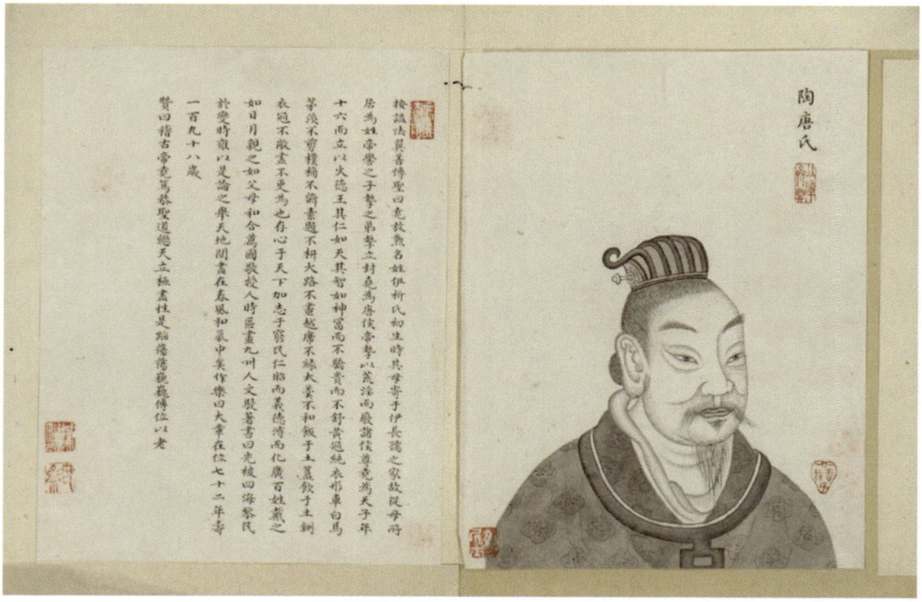

帝尧画像（采自《清人画帝王名臣像册》）

样没有什么不能承载的，也没有什么不能覆盖的；又好像四季的交错运行，日月的交替光明。万物共同生长而互不妨害，道路同时并行而互不冲突。小德如同河水一样川流不息，大德使万物敦厚纯朴，这就是天地伟大的原因。

《尚书·尧典》记载，尧之所以成为伟大的圣王在于3个方面，一是具有高尚的品德，恭敬节俭，明察四方，道德纯备，温和宽容，忠实不懈，即“钦明文思安安，允恭克让，光被四表，格于上下。克明峻德，以亲九族。九族既睦，平章百姓。百姓昭明，协和万邦”。二是遵循天数，推算日月星辰运行的规律，制定历法，即“乃命羲和，钦若昊天，历象日月星辰，敬授民时”。三是选贤任能，提拔舜担当大任以传续文化，即“岳曰：‘瞽子，父顽，母嚚，象傲；克谐以孝，烝烝乂，

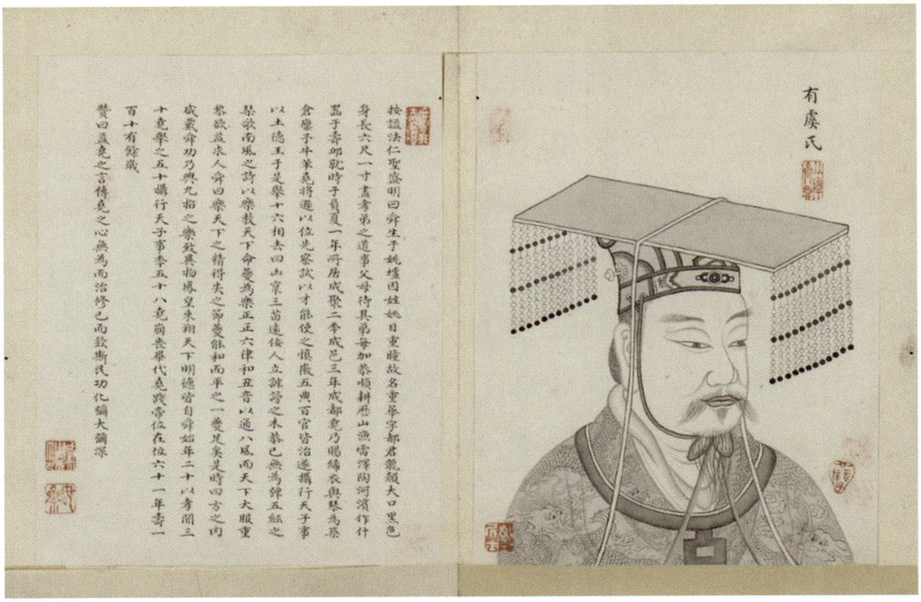

帝舜画像（采自《清人画帝王名臣像册》）

不格奸。'帝曰:'我其试哉!女于时,观厥刑于二女。'厘降二女于妫汭,嫔于虞。帝曰:'钦哉'"。孔子说:"大哉尧之为君也!巍巍乎!唯天为大,唯尧则之。"只有天是最大的,只有尧能上律天时效法天。所谓"巍巍乎其有成功也,焕乎其有文章",尧立下了赫赫功绩,建立了辉煌的礼乐制度,都是因为尧法天的结果。

《尚书·尧典》记载了尧法天的经过:"乃命羲和,钦若昊天,历象日月星辰,敬授民时。分命羲仲,宅嵎夷,曰旸谷。寅宾出日,平秩东作。日中,星鸟,以殷仲春。厥民析,鸟兽孳尾。申命羲叔,宅南交。平秩南讹,敬致。日永,星火,以正仲夏。厥民因,鸟兽希革。分命和仲,宅西,曰昧谷。寅饯纳日,平秩西成。宵中,星虚,以殷仲秋。厥民夷,鸟兽毛毨。申命和叔,宅朔方,曰幽都。平在朔易。日短,星昴,以正仲冬。厥民隩。鸟兽氄毛。帝曰:咨!汝羲暨和,期三百有六旬有六日,以闰月定四时成岁。允厘百工,庶绩咸熙。"尧派羲氏与和氏到四方观察测定星宿、心宿、虚宿和昴宿四宿在天空的运行规律,确定了春分、夏至、秋分和冬至的节气。四季和四方的确定,为中华民族建立起了时空观,使其认识并掌握了自然规律。天上的诸星围绕着一个中心做周而复始的运转,故才有四季的更替,所以测定四季,也就意味着测出了天中。

天中是如何测出的呢?

(二)紫禁城取象紫微垣

紫禁城平面为长方形,史书记载城周六里,广袤一千六十八丈三尺二寸，南北长二百三十六丈二尺，东西长三百有二丈九尺五寸。高三丈，堞高四尺五寸五分，下广二丈五尺，上广二丈一尺二寸。按现代规制测量，紫禁城占地面积 72 万平方米，东西宽 753 米，南北深 961 米，城墙高 10 米，底部宽度为 8.6 米，顶部宽度为 6.6 米，护城河宽 52 米，与文献记载是吻合的。紫禁城有四座城门，南门曰午门，北门曰玄武门（又称神武门），东门曰东华门，西门曰西华门。城墙四角矗有角楼，墙外环以护城河，如《诗经·文王有声》载“自西自东，自南自北，无思不服”，环之以水，四面有门，通向东西南北，乃为明堂形式。午门是紫禁城的正门，南二重门为端门，南三重门为承天门（又称天安门）。紫禁城由前朝、后廷和御花园三部分组成，前朝由三大殿即奉天殿（皇极殿，又称太和殿）、华盖殿（中极殿，又称中和殿）、谨身殿（建极殿，又称保和

紫禁城模型图

殿）和文华殿、武英殿及外东路、外西路两部分等建筑组成，是国家庆典、重要机构设置及处理行政事务的场所。后廷由后三宫即乾清宫、交泰殿、坤宁宫和东西六宫及外东路、外西路两部分等建筑组成，是帝后及其家眷居住、生活与内务机构设置及处理行政事务的场所。御花园位于后三宫坤宁宫后，又称后花园。

紫禁城是唯一保存至今的古代皇宫，是世界上最大的木结构宫殿建筑群。焕五彩之辉煌，壮九重之严密，仿紫极而建庭，取象天上的紫微垣。天空的星宿大约在春秋战国时代被划分为三垣二十八宿。三垣指的是紫微垣、太微垣和天市垣。紫微垣是天的中心，是北极星所在的区域，是天帝居住的地方，

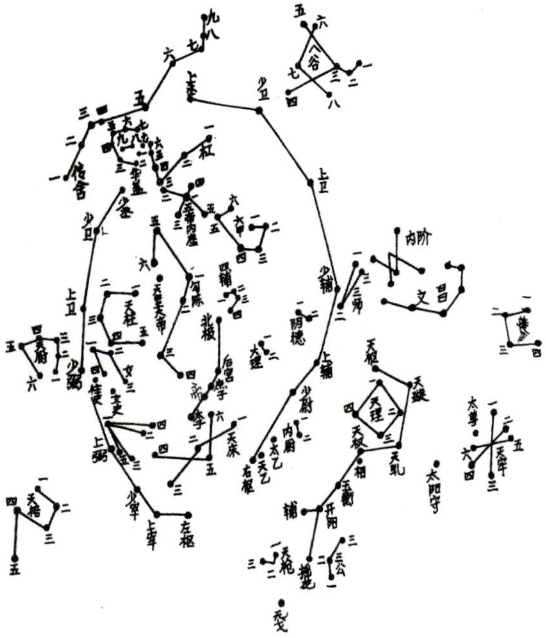

紫微垣图

《晋书・天文志》载："紫宫垣十五星，其西藩七，东藩八，在北斗北，一曰紫微，大帝之座也，天子之常居也，主命主度也。"以北极星为中心的勾陈、五帝内座、四辅、天柱、御女、尚书、天床、华盖、六甲、阴德、大理等 15 星宿，恰似左右垣围成一座天空之城，这座城就叫紫微垣。紫微垣是天的中心，北极星是紫微垣的中心。

《史记》载："中宫天极星，其一明者，太一常居也。"中宫指紫微垣，天极星即北极星，太一，指天帝。常居，指居所永恒不动。言紫微垣中的北极星是天帝居住的地方，是天的中心。

《春秋公羊传注疏》注疏引三国时孙炎注曰："北极，天之中。以正四时，谓之北辰是也。"北极，指天的北极，它决定四季的运行，说明北极是转动的。

《晋书》曰："北极，北辰最尊者也。其纽星，天之枢也。天运无穷，三光迭耀，而极星不移。"这里的北极指的是天体的北部区域，是最尊的地方，为何这样说呢？因为有纽星的存在。枢，指天轴，古人想象天体是靠一根轴带动转动的。纽星，即天轴顶点的那颗星，它是关键。轴转动，但纽星不动。纽星即北极星，故称极星不移。

北极和北极星是有区别的，古人假设天体是一个球体，它在不停转动，因此每天才会有日升月落的现象，一年才会有四季更替的变化。而这个球体的转动是靠一根轴来带动的，但这根轴是倾斜的，它指向北方，北方的极端便是北极。古人为了标识北极，把附近的一颗星命名为北极星。实际上北极星并没有处于轴的顶端。

《周礼·冬官·匠人》记载："匠人建国，水地以县。置槷以县，视以景。为规，识日出之景与日入之景。昼参诸日中之景，夜考之极星，以正朝夕。"说明在周代时，北极星已经被测出来了，以正朝夕，作为确定方位的准星。

天的中心北极是怎么测出来的呢？

（三）找出天的中心

《孟子·梁惠王章句上》曰："百亩之田，勿夺其时，数口之家可以无饥矣。""勿夺其时"，指在农忙时节，统治者不要去争夺或妨碍百姓的生产时间，因为误了农时，就意味着挨饿，孔子亦说过"使民以时"，即要根据农时来使用民力，故孟子说"不违农时，谷不可胜食也"。我们进一步追问，一年之中何时是农忙时间呢？农忙时间是怎样确定的呢？这就要靠测天来把握了。所以有句谚语叫"清明前后，种瓜点豆"，说明了天时的重要性。

先民在长期观测天象的过程中，发现了天体是运转的且绕着一个中心运转的规律。夜晚观测天空，天上的北斗七星率领所有星宿绕着一个中心昼夜不停地旋转。灿烂的星空永远指引着先民探索自然规律，故有"观乎天文以察时变"。把天的中心测出来，四时即四季也就确定了，有了四季，农业生产就可以顺利进行，故测天中北极是最重要的一步。怎样才能把这个中心测出来呢？于是先民在大地上立一根杆子，在杆子的顶端系一根绳子，用手牵着绳子，眼睛通过绳子连接的杆子顶端而瞄准北斗七星的天枢星，牵着天枢星走，把斗杓指向东、南、西、北四个点的位置在地上相应地标出来，将东西、南北连线为十字相交，地上的十字相交点即为天心的投影，然后站在十字相交处牵着绳子，通过杆子顶端瞄准天上的那一点就是北极所在之处，为了标识北极，故将旁边的一颗星定名曰北极星。

这种引绳测天法与《周髀算经》所记测量北极星四游的方法大同小异："欲知北极枢璇周四极，常以夏至夜半时，北极南游所极；冬至夜半时，北游所极；冬至日加酉之时，西游所极；日加卯之时，东游所极，此北极璇玑四游。正北极枢璇玑之间，正北天之中，正极之所游。"[①] 枢即轴。把北极枢和璇玑分开，北极枢指的是真正的北天极即古人假想的天轴。璇玑指的是北极星，北极星绕着北极枢做四极游动。天的中心即北极枢，在天上是看不见的，故只能靠离它最近的北极星把北极枢找出来。璇玑四游的原理：由于地球自转，在地面观察者看来，所有恒星一昼夜间绕北极一周，即所谓周日拱极运动。按《周髀算经》的宇宙模式，北极星做周日拱极运动；因此冬至夜半、卯时、日中、酉时四个时刻分别对应北极星的四个极限位置。但由于冬至日中不可能观察北极星，所以改在夏至夜半观测，间接得到冬至日中北极星的极限位置。其具体测量方法为：立八尺表一，表顶端系绳。冬至日

---

① 程贞一、闻人军译注：《周髀算经译注》卷下，上海古籍出版社2022年版，第104页。

酉时，牵着绳子瞄准北极星，将绳子引至地上，使北极星、表端和引绳着地点三点成一线，并在地上做上标记。等到天明早上卯时，用同样方法标出引绳着地点的位置，酉时和卯时标记的两个引绳着地点，即是璇玑的“西游所极”和“东游所极”两个点。再在冬至日夜半用同样方法测出“北游所极”点，夏至日夜半测出“南游所极”点。璇玑四游的四个极点确定后，北极枢所在的位置也就确定了，即在地上的四个极点连线的十字相交点，从此交点经过表端，瞄准天上的那一点即为天轴的顶点，此谓天心。[①]

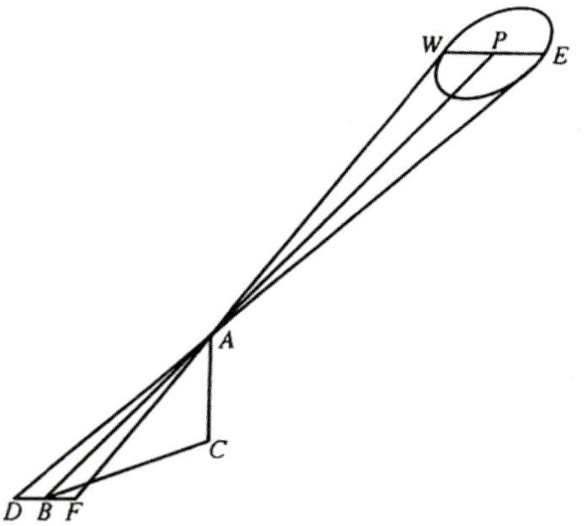

W: 冬至日加酉之时，西游所极
E: 日加卯之时，东游所极
AC: 所立八尺之表
DF: 其端相去二尺三寸
BC: 其绳至地所识，去表一丈三寸

北极璇玑东西游图解

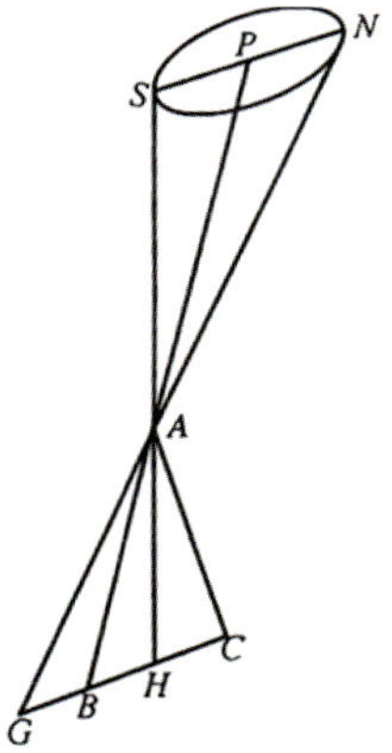

N: 冬至夜半北游所极
S: 夏至夜半南游所极
GC: 北极至地所识一丈一尺四寸
HC: 其南端至地所识九尺一寸半

北极璇玑南北游图解

北极璇玑四游图解（采自程贞一、闻人军译注《周髀算经译注》）

① 程贞一、闻人军译注：《周髀算经译注》卷下，上海古籍出版社 2022 年版，第 106—109 页。

（四）从禁中到紫禁城

皇宫最初不叫紫禁城，叫禁中或省中，西汉司马迁《史记》载："二世常居禁中，与高决诸事。其后公卿希得朝见。"[①] 秦二世常居禁中与赵高商决诸事，很少接见大臣。《史记》载："先黥布反时，高祖尝病甚，恶见人，卧禁中，诏户者无得入群臣。"[②] 黥布造反时，高祖刘邦生病，躺在禁中，不愿见人。《史记》载："景帝居禁中。召条侯，赐食。"[③] 汉景帝时，曾在禁中招待条侯周亚夫，赐给他美食。《史记》载："又诸侯王朝见天子，汉法凡当四见耳。始到，入小见。……小见者，燕见于禁门内，饮于省中，非士人所得入也。"[④] 司马迁说诸侯朝见天子，汉代规定了四种朝见的方法，刚到时朝见天子，叫小见。燕王小见于禁门，与天子饮于省中。《汉书》亦载："戊辰，太子即皇帝位，谒高庙。帝姊鄂邑公主益汤沐邑，为长公主，共养省中。"[⑤] 汉昭帝的姐姐鄂邑公主被封为长公主，养在省中。

为什么皇宫称为禁中或省中？

东汉时，有学者出来解释二者之义，蔡邕解释说："禁中

① ［汉］司马迁：《史记》卷六，中华书局 2020 年版，第 343 页。
② ［汉］司马迁：《史记》卷九五，中华书局 2020 年版，第 3223 页。
③ ［汉］司马迁：《史记》卷五七，中华书局 2020 年版，第 2523 页。
④ ［汉］司马迁：《史记》卷五八，中华书局 2020 年版，第 2541 页。
⑤ ［汉］班固：《汉书》卷七，中华书局 1983 年版，第 217 页。

者，门户有禁，非侍御者不得入内，故曰禁中。”[①] 他说所称禁中者，是指门户守备森严，只有侍御者入内的地方。看来这个地方是非常重要的保密之地，侍御是皇帝身边的人，故这个地方指的应是皇帝的居所。伏俨对此注释说：“蔡邕云本为禁中，门阁有禁，非侍御之臣不得妄入。行道豹尾中亦为禁中。孝元皇后父名禁，避之，故曰省中。”[②] 他认为蔡邕所云禁中，是指门阁有禁，非侍御之臣不得妄入的地方。他所说的是天子车驾行于道上，于道路两侧插豹尾，豹尾之内也叫禁中。孝元皇后的父亲名禁，为避讳，故改称省中。

禁中和省中在汉代时已说不清楚了。

从文字学的角度，或许能得到启悟。查东汉许慎《说文解字》，称禁：“凶吉之忌也，从示，林声。”禁从示。据余健《堪舆考源》的考证，示在甲骨文中与“工”同，工象人执规矩，与巫同义，徐中舒主编《甲骨文字典》称“(示)象以木表或石柱为神主之形”，丁山在《甲骨文所见氏族及其制度》中称示所从二或一，是上帝的象征；其所从“｜”，正象祭天杆，杆旁之“八”，示象所挂的彩帛；示字的本义，就是祭天杆。故示指木表即木柱，就是测影的圭表，巫师假此工具以通天。[③] 省，《说文》曰：“省，视也。从眉省，从中。”据余健《堪舆考源》的考证，省从眉即目，是用眼睛观测；从中，是指用

① ［汉］司马迁：《史记》卷六，中华书局2020年版，第344页。
② ［汉］班固：《汉书》卷七，中华书局1983年版，第218页。
③ 余健：《堪舆考源》，中国建筑工业出版社2005年版，第13—15页。

形如中的瞄准器观测，用中测望曰省。《尚书·舜典》曰：“望于山川，遍于群神。”《诗经·大雅·卷阿》曰：“如圭如璋，令闻令望。”所谓测望就是用圭、璋作为“中”形瞄准器（望），以祭祀天地日月。望这个动作就表示祭天。[①] 因此我们从示和中，就可以推证出先民测天的两种方法，白天测量太阳的影子是用“示”，以确定时间和空间；夜晚观测星空则用“中”形瞄准器，以测星宿的运行轨迹，以确定天的中心和二十八宿的空间度数。故禁中和省中就是测天之意，由于这个方法是代表巫沟通上天的工具，秘不示人，巫利用这个工具修建了象征天圆地方的建筑，即后来的明堂，建筑中心有坛，坛上立有木柱即示，巫假此木柱与上天通话，故此地是神秘之处，也是禁忌之地，未经允许是不能入内的。后来巫成为王或王战胜了巫，巫所建筑居住的地方自然就成为王居住的地方，但名称仍沿用了禁中或省中的测天名。

始皇二十七年（公元前220年），秦始皇下令营建宫室：“焉作信宫渭南，已更命信宫为极庙，象天极。”[②] 秦始皇的正殿信宫象征北极星，表明这里是天下的中心。皇宫开始取象于天了。于是到汉代时，皇宫除称禁中和省中外，还有了新的名字曰“紫宫”。《汉书·扬雄传》载：“且为其已久矣，非成帝所造，欲谏则非时，欲默则不能已，故遂推而隆之，乃上比于帝室紫

---

① 佘健：《堪舆考源》，中国建筑工业出版社2005年版，第176页。

② ［汉］司马迁：《史记》卷六，中华书局2020年版，第310页。

宫。”[1] 西汉成帝时，皇宫规模庞大，大臣们想让工程停工欲进谏又不能进谏，只好顺帝意进行。《后汉书·霍谞传》记大臣霍谞“呼嗟紫宫之门，泣血两观之下”[2]。唐人李贤注曰：“天有紫微宫，是上帝之所居也。王者立宫，象而为之。”说皇宫是根据天上的紫微宫而建立的，故称为紫宫。

据姜舜源《五行、四象、三垣、两极与紫禁城》的考证，最早称“紫禁城”是在南北朝时期，盛行于唐代。南朝时，皇宫有了新的名称，称“禁城”或“紫禁”，如南朝颜延之《拜陵庙作》诗云：“夙御严清制，朝驾守禁城。”南朝宋人谢庄《宋孝武宣贵妃诔》曰：“掩采瑶光，收华紫禁。”到唐代时，“紫禁”或“禁城”在诗中被广泛提及，如初唐骆宾王《畴昔篇》诗中有“紫禁终难叫，朱门不易排”，贾至《早朝大明宫》诗云：“银烛朝天紫陌长，禁城春色晓苍苍。”晚唐白居易《初出城留别》诗中亦有“朝从紫禁归，暮出青门去”。“紫禁”，显然是“紫宫”和“禁中”的合称。“紫禁”或“禁城”始成为皇宫的代称。[3]

（五）天中是产生万物的地方

了解了紫禁城名称的发展演变后，我们再回到《史记》，

---

① ［汉］班固：《汉书》卷八七，中华书局 1983 年版，第 3534—3535 页。

② ［南朝］范晔：《后汉书·霍谞传》卷四八，中华书局 1983 年版，第 1616 页。

③ 姜舜源：《五行、四象、三垣、两极与紫禁城》，《明清宫廷趣闻》，紫禁城出版社 1995 年版。

《史记·天官书》载："中宫天极星，其一明者，太一常居也；旁三星三公，或曰子属。后句四星，末大星正妃，余三星后宫之属也。环之匡卫十二星，藩臣。皆曰紫宫。"[①] 唐代司马贞《史记索隐》解释说："元命包曰：'紫之言此也，宫之言中也，言天神运动，阴阳开闭，皆在此中也。'"紫微垣又称紫宫，紫宫即中心之义，天神运动，阴阳开闭皆在此中。而紫宫的中心是北极星，它决定着天神的运动和阴阳开闭。而万物的产生则来自阴阳的开闭。

宋代王宗传《童溪易传》称："窃原易之始作也，则亦本诸一奇一偶而已矣。天下之理，有动必有静，有刚必有柔，有屈必有伸，有消必有长，盖亦未有无对待而能不穷者，故曰'一阴一阳之谓道'。圣人得其说，据依之以为易，故一奇一偶立，而阴阳兴，阴阳兴而动静、刚柔、屈伸、消长之理在是矣。"王宗传认为一阴一阳之谓道，是指对立双方的矛盾运动，形成了宇宙运动的基本规律，简单地说，就是对立运动是形成万物的基础。一阴一阳的本义源于《易经》"伏羲六十四卦次序"图，从下往上数，第一层是太极，第二层是一阴一阳（称作两仪），第三层是第二层所生之一阴一阳即四象，第四层是第三层所生之八卦，八卦再生出六十四卦，如此循环下去，可至无穷无尽。每层都是一阳生出一阴一阳且一阴也是生出一阴一阳，这就是阴阳变化的道路，故称一阴一阳之谓道。这个道

---

① ［汉］司马迁：《史记》卷二七，中华书局2020年版，第1539—1540页。

也就是天生万物之道，因为原始为一，一生二，二生三，三生万物，也就是说可以无穷无尽地生下去，故天地有大德曰生。一阴一阳之谓道即一阴一阳之谓生。

明代吕坤《呻吟语》曰：“万物生于阴阳。”生命是阴阳开闭的产物。

阴阳产生生命，而且永无停息，说明生是天的本性，生即仁，朱熹曰：“仁是天地之生气。”“仁是个生底意思，如四时之有春。彼其长于夏，遂于秋，成于冬，虽各有气候，然春生之气皆通贯于其中。仁便有个动而善之意。”[1] 由天地生物，上升到仁，由仁上升到天心，即“动而善之意”，如此天地皆在仁之孕育之中，董仲舒《春秋繁露》曰：“仁，天心。”朱熹称：

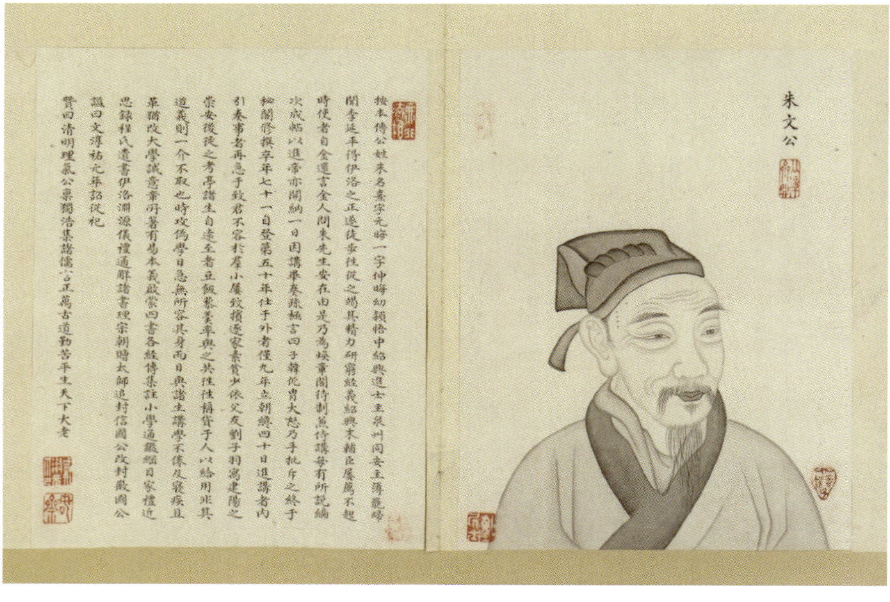

朱熹画像

① 钱穆：《朱子新学案》（上），巴蜀书社 1986 年版，第 240 页。

“天地以生物为心，天包着地，别无所作为，只是生物而已。亘古亘今，生生不穷，人物则得此生物之心以为心。”[1] 天地之心只想着生物，因万物为其所生，故而万物秉赋此心。人因先天秉赋天的本性，故而具有仁心。所以阴阳之道便是生生不息之道，这就是天道。人的本心即天心，天心即仁心，仁心即道心，也就是说人的本性是善的，是充满生气的，有了此心，就可以赞助天地，发育万物。

于是古人发现了天的规律是让万物生长，如《中庸》所言“天地之道，可一言而尽也，其为物不贰，则其生物不测”，天之所以为天，就是让万物生长，没有贰心，所以生命才无穷无尽。由此，古人体会到天地有大德曰生，也就是从自然规律生转化到道德准则仁，故道德准则是建立于自然规律之上的，自然地就推衍出了德政。《尚书·大禹谟》曰：“德惟善政，政在养民。”提出要用德政治理天下，德政即仁政。故孔子曰：“为政以德，譬如北辰，居其所而众星共之。”孔子将德政比喻为北极星，说明德政的重要性，就像天的中心那样决定着万物的运转，从此孔子把天中北极星与德联系在了一起。《论语注疏》曰：“为政以德者，言为政之善莫若以德。德者，得也。物得以生谓之德，淳德不散，无为化清，则政善矣。”物得以生谓之德，说明天有一颗仁心。而北极决定着阴阳开闭，决定着万物生长，因此北极就是天心所在之处。

① 钱穆：《朱子新学案》（上），巴蜀书社 1986 年版，第 240 页。

二、天地有大德曰生

（一）天有四德以生物

测天是因为农业生产的需要，而农业生产是为了培育出种子，从种子的发芽、生长，到成熟结果，这实际上就是一个生命的周期过程，这个过程是重复的而且是有秩序的。古人把它比喻为元亨利贞四个过程，《周易·乾卦·文言》曰："元者，善之长也；亨者，嘉之会也；利者，义之和也；贞者，事之干也。君子体仁足以长人，嘉会足以合礼，利物足以和义，贞固足以干事。君子行此四德者，故曰：'乾，元亨利贞。'"元亨利贞代表天道运行、生化万物的四种功能属性，也表示天生养万物的四个阶段。[①] 唐代孔颖达《周易正义》引庄氏语："'元者善之长'者，谓天之体性，生养万物。善之大者莫善施生，元为施生之宗，故言'元者，善之长也'。'亨者嘉之会'者，嘉，美也。言天能通畅万物，使物嘉美之会聚，故云'嘉之会也'。'利者义之和'者，言天能利益庶物，使物各得其宜而和同也。'贞者事之干'者，言天能以中正之气成就万物，使物

① 《中国儒学百科全书》，中国大百科全书出版社1997年版，第408—409页。

皆得干济。”[1] 第一个阶段是“元”，万物的初始阶段，亦即胚胎阶段，是生命的孕育时期，元能孕育生命，说明它具有善性，这是一切生命出现的根由，如朱熹所言，在生成万物之前，它已具有生的理了。生命有了元的洪荒之力，还必须亨通，才能进入化生万物的第二个阶段即生命的成长阶段“亨”。生命畅通地发育成长，皆得之于各种美的因子的聚集，有了美的营养，生命才会茁壮成长，长成参天大树。第三个阶段是“利”，收获曰利，生命由于有嘉之会，才利益庶物，使其各得其宜，成熟结果。第四个阶段为“贞”，贞为正，生命结束为藏，藏意味着开启下一轮的生命。这就是自然法则，万物皆在其中轮回，永无止境。元亨利贞，揭示了生命的发生、成长、成熟和终结的过程。由于我们的文明源于农耕的生产活动，与天时紧紧地捆绑在一起，注定了文明与我们生命的亨通关系。故朱熹称元为“生物之始”，故为“善之长”；亨为“生物之通”，故为“嘉之会”；利为“生物之遂”，故为“义之和”；贞为“生物之成”，故为“事之干”，也就是成就生命的四个秩序。

元亨利贞，对应春夏秋冬四季，朱熹曰：“只如四时，春为仁，有个生意。在夏则见其有个亨通意，在秋则见其有个成实意，在冬则见其有个贞固意。在夏秋冬，生意何尝息。”[2] 故元亨利贞又称为天之四德。元对应春，象征万物复苏，生命在春天萌生。亨对应夏，象征万物亨通繁荣。利对应秋，象征收

---

① [唐]孔颖达：《周易正义》卷九，清文渊阁四库全书本。
② 钱穆：《朱子新学案》（上），巴蜀书社 1986 年版，第 238 页。

获与成熟。贞对应冬，象征收藏，贞固不动。进一步地使天的四德得以彰显，并让我们感知到四德的存在。《春秋公羊传·隐公元年》曰："春者何？岁之始也。"唐徐彦疏："夫万物始生于震，震，东方之卦也，阳气施生，爱利之道，故东方为仁矣。"春是一年之始，与震卦相对应，震指东方，万物生于震，故东方为仁。《礼记·乡饮酒义》曰："养之，长之，假之，仁也。"孔颖达疏："五行，春为仁，夏为礼，今春为圣、夏为仁者，春夏皆生养万物，俱有仁恩之义，故此夏亦仁也。"在夏季，万物都要长大，走向成熟，这亦是仁的表现。

（二）君子要法天之仁德

《诗经·烝民》曰，"天生烝民，有物有则。民之秉彝，好是懿德"，上天生养众民，赋予其财富和法则秩序，是因为天有仁德，那么众民就应该秉持常性，追求美好的仁德。故天有四德元为首，是为了强调生，君子法天之德是为了彰显仁德。孔颖达《周易正义》曰："君子之人，体包仁道，泛爱施生，足以尊长于人也。仁则善也，谓行仁德法天之元德也。'嘉会足以合礼'者，言君子能使万物嘉美集会，足以配合于礼，谓法天之亨也。'利物足以和义'者，言君子利益万物，使物各得其宜，足以和合于义，法天之利也。'贞固足以干事'者，言君子能坚固贞正，合物得成，使事皆干济，此法天之贞也。"[1] 元为仁，亨同礼，利为义之和。朱熹曰："仁义礼智便是

① ［唐］孔颖达：《周易正义》卷九，清文渊阁四库全书本。

元亨利贞。若春间不曾发生的，到了夏，无缘得长，秋冬亦无可收藏。天地生这物时，便有个仁。它只知生而已。从他原头下来，自然有个春夏秋冬。且看春间天地发生，蔼然和气，如草木萌芽，初间仅一针许，少间渐渐生长，以至枝叶花实，变化万状，便可见他生生之意。非仁爱何以如此。”朱熹从春夏秋冬的生命成长的过程中，得出的结论是天地为仁。

马恒君先生《周易正宗》认为，元是创始，这是乾阳在天道方面的含义，天地可以始生万物。人从中效法什么呢？效法天地生育万物的创始功能，从而发扬仁德，显扬天地善性，这就效法了乾元的“元”。具体到人的道德修养上讲，元就是仁，仁是首要的善。“亨者，嘉之会也”是说，把天道运行的通达无阻应用到社会上去，就要让人类顺利而欣欣向荣地发展。这就效法了天道的亨。对人的品德来说，亨就是礼，礼是维护等级秩序的规定，合乎礼才能有秩序，有秩序才能顺利发展。所以亨是合礼而形成的嘉美会合。“利者，义之和也”是说，人要像天那样造福于人，就要合乎义，使万物各得其宜，彼此和谐。这才算学到了天的“利”，义，宜也。“贞者，事之干也”是说，既正又固才具有做成事业的骨干品德。“君子体仁足以长人”是说，君子以仁爱为本，就足以为人之长。“嘉会足以合礼”是说，能够使嘉美会合就足以合乎礼节。“利物足以和义”是说，能把利益带给万物，就足以达到义的和谐。以上三句是讲，“元亨利”落实到人的道德修养方面就是“仁义礼”。“贞固足以干事”是说，坚贞强固，才足以干成大事，所以君子要效法天道的四个方面的品德。[①]

清代乾隆《元者善之长也》一文精辟地论述了天之四德与人之四德之间的关系："元者，善之长也；亨者，嘉之会也；利者，义之和也；贞者，事之干也。天具四德，而为春夏秋冬，人体四德而为仁义礼智。然夏秋冬咸统于春，而义礼智实归于仁，故曰元者善之长也。惟其善之长，故亨亦元之亨，利亦元之利，贞亦元之贞。天道一人道，故曰仁也者，人也，合而言之道也。苟失其仁，则不可以为人，于义礼智乎何有？故气成形而理成性。苟无其气，不可以成形，苟无其理，不可以成性，而其气其理统一，元为之枢纽。大哉乾元，万物资始，乃统天。夫子盖明示之矣。"乾隆认为天具元亨利贞四德，而体现为春夏秋冬，人具四德而体现为仁义礼智。元含四德，春统四季，仁为义礼智之首，元为善之长，苟失其仁，不可以为人，故天道一人道，其核心是仁。

三、仁是礼乐社会的基础

（一）仁是发自内心的爱人

古人发现了生是自然规律，就是为了赋予人以仁的最高道德境界，实现自我完善。

---

① 参见马恒君：《周易正宗》，华夏出版社2004年版，第58—59页。

仁是什么？仁在孔子的话语中是人的道德精神，是最高的人生境界，是孔子一生追求的道，并赋予仁丰富的内容。

樊迟问仁，孔子告诉他仁就是爱人，也就是庄子所说的爱人利物，为什么会爱人呢？孟子说是因为人生而具恻隐之心，恻隐之心谓之仁，故仁义礼智，非由外铄我也，我固有之也。仁是我所固有的，是与生俱来的，不是外人给我的。

《中庸》说："仁者，人也，亲亲为大。"仁，就是人自身具有爱人之心，亲爱亲人是最大的仁。所以有若说"孝弟为仁之本"。仁的核心是爱人。舜有一位弟弟叫象，他多次谋害舜都没成功。第一次父母让舜修缮谷仓，等舜上了屋顶，象便抽去了梯子，并放火烧谷仓。第二次打发舜去淘井，等舜下了井，象便用土填塞井眼。但舜并没有因为象谋害自己而复仇，而是将象封到有庳，体现了舜对弟弟的爱和宽容。孟子说："仁人之于弟也，不藏怒焉，不宿怨焉，亲爱之而已矣。"

谢阳举先生认为仁字的本字为𡰥，从尸，忎和仁都是𡰥的衍生之义。仁起源于孝悌。长辈死后，在祭祀的时候要设尸位代替神主，尸由长孙或同姓晚辈来扮装，以视为祖先灵魂的化身。面对尸，祭者产生了诸如虔诚、敬重、不忍、哀愫等感情，这即是仁的原始面目，体现了设尸是为了对祖先"尽心"的心性自发地表达，实现对死者"事死如事生，事亡如事存"的愿望，故孝悌是仁之本。"仁"正是"孝"在对死去祖先或亲人尽祭尽哀这个环节上的表现。二者发生如是次序的关系，正是以丧祭之礼为中介环节，为了在生、死、祭祀三个环节上一贯到底地尽孝，所以就要对死者的神灵尽心哀戚，此即是

"仁"的精神的实现。《论语·八佾第三》中记载林放问孔子礼的本质是什么，孔子回答说："大哉问！礼，与其奢也，宁俭；丧，与其易也，宁戚。"丧礼不在于仪文周到，宁可过度悲哀。正因为仁源于丧祭之礼，所以孔子及其弟子尤其重视此二礼中仁之发生源。孔子深知丧祭之礼废，则不忍之心晦，仁心荡然，亲情浇薄，爱人之心将随之而去，人伦道德将无本可立，最终重生爱仁之教旨也就全没了根基。[①]

笔者想起了孔子对宰我不愿守孝三年时的愤怒之举，骂宰我不仁。因为"君子笃于亲，则民兴于仁"，君子对亲族感情深厚，百姓就会兴起仁风。说得再透彻一点，如果一个人对离去的亲人都没有悲戚之情，那他怎么可能心怀仁爱呢?《孟子·滕文公章句上》曰："亲丧，固所自尽也。曾子曰：'生，事之以礼；丧，葬之以礼，祭之以礼，可谓孝矣。'诸侯之礼，吾未之学也，吾尝闻之矣。三年之丧，齐疏之服，饘粥之食，自天子达于庶人，三代共之。"父母之丧，要恪尽其礼，服孝三年，从天子到百姓一视同仁，这就把整个社会纳入到至孝的人伦亲情之中，尽心哀戚的仁心就会产生了。家庭是最牢固的社会单元细胞，那么从对亲人的祭祀中发自内心的哀戚情感也是最牢固的。正是建立于孝悌之上的仁，把爱推及他人。《论语·学而第一》曰："弟子入则孝，出则弟，谨而信，泛爱众，而亲仁。"就是说在家里要孝敬父母，出门则要尊敬他人，与他人友好相处，谨慎从事，诚实可靠，对每一个人都要付出爱

① 参见谢阳举：《"仁"的起源探本》，《管子学刊》2001年第1期。

心。《孟子·梁惠王章句上》曰："老吾老以及人之老，幼吾幼以及人之幼。"郑玄注曰："仁，爱人以及物。"[①]《吕氏春秋·爱类》曰："仁也者，仁乎其类者也。"

仁者，人也，一旦人有了仁心，利就失去了空间。故《论语·里仁第四》曰："君子喻于义，小人喻于利。"《大学》曰："畜马乘不察于鸡豚，伐冰之家，不畜牛羊；百乘之家，不畜聚敛之臣。""国不以利为利，以义为利。"孟子对梁惠王说："王！何必曰利？亦有仁义而已矣。王曰：'何以利吾国？'大夫曰：'何以利吾家？'士庶人曰：'何以利吾身？'上下交征利而国危矣。"《孟子·尽心章句上》曰："鸡鸣而起，孳孳为善者，舜之徒也；鸡鸣而起，孳孳为利者，跖之徒也。欲知舜与跖之分，无他，利与善之间也。"

孟子将仁看作天最尊贵的爵位，人最安逸的住宅。没有人来阻挡你，你却不仁，这是愚蠢。不仁、不智、无礼、无义，这种人只能做别人的仆役。故孟子说："仁义忠信，乐善不倦，此天爵也。"

（二）仁的作用

《中庸》曰："诚身有道，不明乎善，不诚乎身矣。"使自己真诚，是有规则的，不明白什么是善，就不能够使自己真诚，诚是建立于善之上的，故"诚之者，择善而固执之者也"，

① ［汉］郑玄注，［唐］贾公彦疏：《周礼注疏》卷一〇，"地官"，清文渊阁四库全书本。

真诚的人，就是选择善而执着追求的人。

为何有善才有诚呢？

天生万物，说明天的本性是善的，是仁慈的。但天的这个本性是怎么表现出来的呢？古人认为梅花开放，预示着春天的到来，故有梅报春信之说，宋代王洋有诗曰："梅花若不报春信，谁表东风第一流。"梅花的按时开放，说明天是守信的，所以春天从不会迟到。

正是因为天是诚信的，反过来又促成了万物的生长，其为物不贰，则其生物不测，天生物体现的是诚，没有贰心，故生成的万物才会不可计算。《中庸》曰："故至诚无息，不息则久，久则征，征由悠远，悠远则博厚，博厚则高明。博厚，所以载物也；高明，所以覆物也；悠久，所以成物也。博厚配地，高明配天，悠久无疆。"至诚是没有止尽的，没有止尽就会保持长久，保持长久就会显露出来，显露出来就会悠久长远，悠久长远就会广博深厚，广博深厚就会高大光明。广博深厚，能承载万物；高大光明，能覆盖万物；悠久长远，能成就万物。广博深厚可以与地相配，高大光明可以与天相配，悠久长远则是永无止息。

《中庸》曰："诚者，天之道也；诚之者，人之道也。"人的生命是天给的，故诚也是人之道。"诚者，非自成己而已也，所以成物也。成己，仁也"，诚，不仅是自我完善，还要完善事物。自我完善是仁。"大哉圣人之道！洋洋乎！发育万物，峻极于天。优优大哉！"圣人之道，浩瀚无边，生养万物，与天一样崇高，充足而宽裕。

当仁成为人的最高道德境界时，人就成为至诚之人，《中庸》曰：“唯天下至诚，为能尽其性；能尽其性，则能尽人之性；能尽人之性，则能尽物之性；能尽物之性，则可以赞天地之化育；可以赞天地之化育，则可以与天地参矣。”只有天下至诚的人，才能充分发挥他的本性；能充分发挥他的本性，就能充分发挥众人的本性；能充分发挥众人的本性，就能充分发挥万物的本性；能充分发挥万物的本性，就可以帮助天地化育生命；能帮助天地化育生命，就能达到与天地并立共生的境界。

（三）仁与礼乐的关系

“人而不仁，如礼何？人而不仁，如乐何？”如果一个人没有仁，礼还有什么用呢？如果一个人没有仁，乐还有什么用呢？所以礼乐是建立在仁的道德准则之上的。

礼乐是什么呢？孔子曰：“礼云礼云，玉帛云乎哉！乐云乐云，钟鼓云乎哉！”朱熹注曰：“敬而将之以玉帛，则为礼；和而发之以钟鼓，则为乐。”玉帛是献给神和祖先的，乐是祭祀神和祖先时演奏的音乐，故礼乐体现的是敬与和，源于祭祀活动。《仪礼·觐礼》曰：“礼日于南门外，礼月与四渎于北门外，礼山川丘陵于西门外。”《周易·豫卦》曰：“先王以作乐崇德，殷荐之上帝，以配祖考。”

将不同乐器发出的声音合在一起，便形成了乐，乐“以致鬼、神、示，以和邦国，以谐万民，以安宾客，以说远人，以作动物”，用于人与天地鬼神之间的沟通。孔子去齐而闻《韶》

乐，三月不知肉味，称《韶》尽美也，又尽善也。《韶》乐相传是舜时期的音乐，融礼、乐、歌、舞为一体。《尚书·益稷》载："夔曰：'戛击鸣球、搏拊、琴、瑟，以咏！'祖考来格，虞宾在位，群后德让。下管鼗鼓，合止柷敔，笙镛以间。鸟兽跄跄，《箫韶》九成，凤皇来仪。夔曰：'於！予击石拊石，百兽率舞，庶尹允谐！'帝庸作歌。曰：'敕天之命，惟时惟几。'乃歌曰：'股肱熹哉！元首起哉！百工熙哉！'"演奏《韶》的乐器由"八音"材料制成，即金（钟）、石（磬）、土（埙）、革（鼓）、丝（琴、瑟）、木（柷、敔）、匏（笙）、竹（笛、箫、篪、排箫）。上古时的音乐舞蹈，都是在祭祀或庆典时用以呼唤神灵的，所以音乐响起，神和祖先的灵魂就降临了。上古时的乐有九种：黄帝乐曰《咸池》，颛项乐曰《六茎》，帝喾乐曰《五英》，唐尧乐曰《大章》，虞舜乐曰《箫韶》，夏禹乐曰《大夏》，成汤乐曰《大护》，周乐曰《大武象》，周公乐曰《酌》。舞乐有九变，以分别献给天地、四方、山川与祖先等诸神，《周礼·春官·大司乐》载："乃奏黄钟，歌大吕，舞《云门》，以祀天神；乃奏大簇，歌应钟，舞《咸池》，以祭地示；乃奏姑洗，歌南吕，舞《大磬》，以祀四望；乃奏蕤宾，歌函钟，舞《大夏》，以祭山川；乃奏夷则，歌小吕，舞《大濩》，以享先妣；乃奏无射，歌夹钟，舞《大武》，以享先祖。"凡六乐，奏一遍则可以感召小鸟等羽物和川泽之神，奏六遍则可以感召龟鳖之类介物和土地神，奏八遍则可以感召四灵和上天之神，奏九遍则可以向人鬼表示礼敬了。

乐是德音，它是天地顺畅、四时合宜的体现，是纪纲正、天下定的产物，故《乐记》曰："夫古者，天地顺而四时当，民有德而五谷昌，疾疢不作而无妖祥，此之谓大当。然后圣人作，为父子君臣，以为纪纲。纪纲既正，天下大定。天下大定，然后正六律，和五声，弦歌诗颂，此之谓德音，德音之谓乐。"

司马迁对礼乐大加赞美，《史记》载："洋洋美德乎！宰制万物，役使群众，岂人力也哉？余至大行礼官，观三代损益，乃知缘人情而制礼，依人性而作仪，其所由来尚矣。"[①] 礼是建立在人情和人性基础之上的，人民乐而遵守，故孔子说："知及之，仁能守之，庄以涖之，动之不以礼，未善也。"依靠智慧、仁和严肃的态度来治理百姓，却对百姓无礼，这不是一个完善的社会。《礼记·缁衣》曰："夫民，教之以德，齐之以礼，则民有格心；教之以政，齐之以刑，则民有遁心。"对于百姓来说，如果用德来教化他们，用礼来规范他们的行为，那么百姓就会心悦诚服；如果用政来命令他们，用刑来制约他们，那么百姓就会离心离德。故《孟子》说："见其礼而知其政，闻其乐而知其德。"

（四）礼乐的重要性

古人认为衡量一个社会的文明程度，必须以礼立国，礼是如此之紧要，"夫礼，先王以承天之道，以治人之情，故失之

① ［汉］司马迁：《史记》卷二三，中华书局 2020 年版，第 1371 页。

者死，得之者生。《诗》曰：‘相鼠有体，人而无礼！人而无礼，胡不遄死！’是故夫礼，必本于天，殽于地，列于鬼神，达于丧、祭、射、御、冠、昏、朝、聘。故圣人以礼示之，故天下国家可得而正也”[1]，礼是先王用来遵循天道，治理人的性情的。其重要性可体现为：离开了礼就会灭亡，建立了礼制就会兴旺，是人和社会赖以生存发展的基础，有“操则存，舍则亡”之意。老鼠尚且有体，如果人没有礼，还不如老鼠，何不遄死呢？礼本于天，效法于地，参验于鬼神，贯彻于丧、祭、射、御、冠、昏、朝、聘等各项仪式之中，它是人的行为和社会行为的集中体现。圣人就是以礼来昭示天下的，所以天下国家才能得而正也。

孟子曰：“无礼义，则上下乱。”东汉许慎《说文解字》称：“礼，履也。”礼是行为准则，就像人行走要穿鞋一样。《礼记·经解》记载了社会生活中不同层面的礼：“故朝觐之礼，所以明君臣之义也；聘问之礼，所以使诸侯相尊敬也；丧祭之礼，所以明臣子之恩也；乡饮酒之礼，所以明长幼之序也；昏姻之礼，所以明男女之别也。”礼是明秩序的，社会生活的各个方面都离不开礼。《礼记》曰：“道德仁义，非礼不成；教训正俗，非礼不备；分争辨讼，非礼不决；君臣、上下、父子、兄弟，非礼不定；宦学事师，非礼不亲；班朝治军，莅官行法，非礼威严不行；祷祠祭祀，供给鬼神，非礼不诚不庄。是以君子恭敬撙节退让以明礼。鹦鹉能言，不离飞鸟；猩猩能

① 钱玄等注译：《礼记》（上），岳麓书社 2001 年版，第 297—298 页。

言，不离禽兽；今人而无礼，虽能言，不亦禽兽之心乎。夫唯禽兽无礼，故父子聚麀。是故，圣人作，为礼以教人，使人以有礼，知自别于禽兽。”[①] 礼是道德和社会秩序运行的基础，作为一名君子必须态度恭敬，自觉节制谦让，以发扬礼仪。如果人不遵循礼，与禽兽又有什么区别呢？所以圣人就是为了制定礼而出现的，制定礼是为了教导人，人有了礼，就知道如何区别于禽兽而遵纪守法了。

孔子说不学礼无以立（采自清代于敏中《圣迹全图》）

国家治理得好，必须依靠礼乐政刑制度，孟子曰：“无礼义，则上下乱。”没有礼义，上下的关系就会混乱。春秋时，

① 钱玄等注译：《礼记》（下），岳麓书社 2001 年版，第 3 页。

子弑其父有之，臣弑其君有之。《乐记》曰：“礼以道其志，乐以和其声，政以一其行，刑以防其奸。礼乐政刑，其极一也，所以同民心而出治道也。”礼是用来引导人们的思想意志的，乐是用来调和人们不同的声音的，政是用来统一人们的行动的，刑是用来防备人们不轨的行为的。礼乐政刑，最终目的只有一个，就是用来统一民心，走上治国的正道。[①]故《史记》载：“召公为保，周公为师，东伐淮夷，残奄，迁其君薄姑。成王自奄归，在宗周，作多方。既绌殷命，袭淮夷，归在丰，作周官。兴正礼乐，度制于是改，而民和睦，颂声兴。”[②]《鲁周公世家》亦载：“成王在丰，天下已安，周之官政未次序，于是周公作周官，官别其宜。作立政，以便百姓。百姓说。”[③]《周官》即《周礼》，周公制礼乐从丰镐开始，创建了一整套具体可操作的礼乐制度，分礼和乐两个部分，涉及社会生活的各个方面，如饮食、起居、祭祀、丧葬等，具有明确的礼仪范畴。丰、镐二都，是礼的最早试验场，是礼乐文化的载体，极有可能如于希贤先生《〈周易〉象数与元大都规划布局》所言，“将君、臣、父、子，长幼秩序，各种职能机构和各种文武官员在都城的地理位置上固定下来，把官的品级、职能，人的长幼尊卑，四时的春夏秋冬，人的仁、义、礼、智、信，颜色的青红白黑黄等等都在国都的方位上固定

① 参见钱玄等注译：《礼记》（下），岳麓书社 2001 年版，第 494—495 页。

② ［汉］司马迁：《史记》卷四，中华书局 2020 年版，第 170—171 页。

③ ［汉］司马迁：《史记》卷三三，中华书局 2020 年版，第 1841 页。

下来”。

《礼记》曰：“乐者，天地之和也；礼者，天地之序也。和，故百物皆化；序，故群物皆别。”古人把礼乐提高到了天地秩序的高度，所以礼乐制度的建立，是一个社会文明的象征。

第三章 尧都文化正统与北京城

古代中国对山川有着特殊的情结，追溯之，当与《尚书》所记载的大舜“望于山川，遍于群神”有关，也与大禹治水时行山刊木，划定三条山脉走向有关。《诗经·定之方中》“望楚与堂，景山与京”，明确地说将楚丘与宗庙连为一线，将景山与京邑连为一线，秦始皇更是“表南山之巅以为阙”，将阿房宫大殿与南山连为一线，因为山川对于都城来说构成了都城之外的广袤的地理空间。山永不会坍塌，当宗庙、都城与山连为一线时，就与山一起成了永恒的象征。

《尚书》记载大禹勘定的三大山脉，成为中国山脉的基本走向。《山海经》将三大山脉的起源归于昆仑山，昆仑山成为天下的中心。南宋朱熹则以尧都重新确定了天下中心，认为文化的源头所在之地才是天地正中间。

一、大禹勘定的三条山脉

《尚书·舜典》记载大舜于正月上日，在尧的太庙接受了禅让的册命，他根据璇玑玉衡的天象测定，列出了七项政事，于是向天帝报告继承帝位的事，又祭祀了天地四时，还专门祭祀了山川，即“望于山川，遍于群神”，才算完成了对天命的承受。所以每一个王朝在建立之初，都要对都城周围的山川进行考察，最终确定哪一座山或哪一条山脉是王朝的命脉。秦始皇“表南山之巅以为阙”，把南山当作都城的恒久象征，汉代有“大举九州之势以立城郭”之举，欲把九州的山川纳入都城的规划之中，所以都离不开对山川的依赖，因为它是圣王接受天命的象征。

中国大地上的山脉，第一次被系统化地进行分列，见于《尚书·禹贡》所记，大禹行山刊木，定高山大川，将天下山脉划为三条四列：“导岍及岐，至于荆山，逾于河；壶口、雷首至于太岳；厎柱、析城至于王屋；太行、恒山至于碣石，入于海。西倾、朱圉、鸟鼠至于太华；熊耳、外方、桐柏至于陪尾。导嶓冢，至于荆山；内方，至于大别。岷山之阳，至于衡山，过九江，至于敷浅原。”[①]

第一条一列：自岍、岐、荆（在今陕西）、壶口、雷首、太岳、厎柱、析城、王屋、太行、恒山，至于碣石，进入渤

---

① 周秉钧注译：《尚书》，岳麓书社2001年版，第44页。

海，位于渭河黄河北岸。第二条二列：自西倾、朱圉、鸟鼠，至于太华；熊耳、外方、桐柏，至于陪尾（在今山东），是汉淮与渭黄的分水岭，为一列。自嶓冢至荆山（在今湖北）、内方至大别山，为中列山脉之支脉，亦约为汉淮与长江的分水岭，为二列。第三条一列：自岷山之阳至衡山，过九江，至敷浅原（今江西庐山）。[1]

上述三条四列山脉是后来中国三大山脉的最初轮廓。三条四列山脉的勘定被视为大禹统一中国，治理河山，告厥成功的象征。从此，三条四列山脉在中国人的心中无比神圣，是得国之正的象征，被各代王朝看重，定都选址时必须与这三条山脉中的一条连在一起。

二、昆仑山为中心说的出现

成书于战国至汉代初期的《山海经》却与《尚书》不同，它从宏观的大地角度来审视天下山脉，称大地上分布着五大山，即南山、西山、北山、东山和中山。南山有三大山系，有䧿山、会稽山、丹穴山、南禺山等山；有大小四十座山脉，总长度一万六千三百八十里。西山有四大山系，有华山、昆仑

① 翁文灏：《中国山脉考》，《徐霞客游记·序》，民国奉天惠迪吉书局刊印，第 1 页。

山、玉山、峚山、终南山、嶓冢山、积石山、崦嵫山等山，共有七十七座山，总长度一万七千五百一十七里。北山有三大山系，有北岳、太行山、天池山、王屋山、碣石山等山，共有八十七座山，总长度二万三千二百里。东山有四大山系，有竹山、空桑山、独山、岐山、泰山、旄山、剡山等，共有四十六座山，总长度一万八千八百六十里。中山是中土本地的山脉，有十二列山系，有少室山、太室山、荆山等山，顺序是每座山系由西至东，下一山系由东向西接续，十二座山系由北至南，共有一百九十七座山，总长度两万一千三百七十一里。天下共有五千三百七十座山，分布在大地东南西北中各个方位，总计长达九万七千三百余里。

在上述的众多山系中，昆仑山是中心。

《山海经·海内西经》将昆仑山描绘成大地上最大最高的山，而且是一座神山，称："海内昆仑之虚，在西北，帝之下都。昆仑之虚，方八百里，高万仞。上有木禾，长五寻，大五围。面有九井，以玉为槛。面有九门，门有开明兽守之，百神之所在。在八隅之岩，赤水之际，非仁羿莫能上冈之岩。赤水出东南隅，以行其东北，西南流注南海厌火东。河水出东北隅，以行其北，西南又入渤海，又出海外，即西而北，入禹所导积石山。"昆仑山在西北方，是天帝的下都，方圆八百里，高万米，山上长有一棵通天的大树，有九座门。山上神仙集结。数条大河皆发源于此，赤水从昆仑山的东南角发源，流向东北方，再由东北角折转流回来灌注在南海厌火国的东边。黄河水由昆仑山的东北角发源，向北行，再折向西南流入渤海，又流出海外，向西而后往北，一直流入大禹疏导过的积石山。

战国时屈原的《九章·涉江》“登昆仑兮食玉英，与天地兮比寿，与日月兮同光”，说明战国时代，神山昆仑山已被人们接受。

汉代刘安《淮南鸿烈解》记：“建木在都广，众帝所自上下，日中无影，呼而无响，盖天地之中也。”[①] 称都广即昆仑山，是天地的中心。

根据《山海经》《淮南鸿烈解》这两部书的记载，昆仑山高万米，是天帝的下都，位于中国的西北方，处天地的正中，百神集结，为山河的源头，故古人认为西北为天门。天门意谓通天之门，通天之门的途径是昆仑山顶上的建木，众神所自上下，便是沿这棵建木而实现的。为大地众山建构了一座祖山。

应该说在汉代时，大地由五山体系构成影响益广，昆仑山是大地的中心，这一观念直接影响了晋代张华《博物志》的地理格局，称：“河图括地象曰地南北三亿三万五千五百里，地部之位起形高大者有昆仑山，广万里，高万一千里，神物之所生，圣人仙人之所集也。出五色云气，五色流水，其泉南流入中国，名曰河也。其山中应于天，最居中，八十城布绕之，中国东南隅，居其一分，是偏域也。”[②] 昆仑山的中心地位，决定了中国地理位置的边缘属性，位于昆仑山的东南隅，为偏域。

---

① [汉]刘安：《淮南鸿烈解·地形训》，《钦定四库全书·子部·杂家类》，台湾商务印书馆影印1986年版。

② [晋]张华：《博物志》卷一，《钦定四库全书·子部·小说家类》，台湾商务印书馆影印1986年版。

《山海经·中山经》是记载中土即中国山脉分布情况的章节，但却有着不同于其他四方山脉的独特性一面，称："封于太山，禅于梁父，七十二家，得失之数，皆在此内，是谓国用。"帝王在泰山上举行祭天的礼仪，在梁父山上举行祭地的礼仪，有德行能力封禅的帝王一共有七十二家，他们的兴衰成败，都在这些山川之间上演，国家的财富用度也都是从这些土地上获得的。《山海经·中山经》提出的山脉与帝王的兴衰成败密切相关的这一观点，深深地影响着后来人们对中国山脉分布的政治地理的认知。

首起者当为唐代的僧一行，他提出南北两戒之说，《新唐书》载："初，贞观中，淳风撰法象志，因汉书十二次度数，始以唐之州县配焉。而一行以为，天下山河之象存乎两戒。北戒，自三危、积石，负终南地络之阴，东及太华，逾河，并雷首、底柱、王屋、太行，北抵常山之右，乃东循塞垣，至濊貊、朝鲜，是谓北纪，所以限戎狄也。南戒，自岷山、嶓冢，负地络之阳，东及太华，连商山、熊耳、外方、桐柏，自上洛南逾江、汉，携武当、荆山，至于衡阳，乃东循岭徼，达东瓯、闽中，是谓南纪，所以限蛮夷也。故星传谓北戒为'胡门'，南戒为'越门'。"[①] 僧一行根据我国地理现象的特点总结为两戒：一是北戒，以限戎狄，也称"胡门"，相当于今青海、陕北、山西、河北、辽宁一线；二是南戒，以限蛮夷，也称

① ［宋］欧阳修等：《新唐书》卷三一，"天文志一"，中华书局 1975 年版，第 817 页。

"越门"，相当于今四川、陕南、河南、湖北、江西、福建一线。这两戒的作用是限戎狄和蛮夷，重在华夷之别，试图建立两戒之内的以华夏区域为地理中心的秩序。

唐末杨筠松《撼龙经》将《山海经》《博物志》和僧一行的南北两戒之说结合在一起，"须弥山是天地骨，中镇天地为巨物"，将昆仑山（须弥山）作为大地的祖山，分为东南西北四脉，其中南脉进入中国，以黄河和长江将山川分为南北两戒。主干山脉为都邑所依，所谓"大举九州之势以立城郭"，支脉则为郡县小镇所依[①]，将中国山脉始于昆仑山，并将山脉与帝都州县乡镇的选址结合在一起，杨筠松是首倡。

南宋朱熹论三大山脉，继承了《尚书》和《山海经》之论，但其说支派余脉更为详尽，称《河图》言昆仑为地之中，中国至于阗二万里，于阗贡使自言西去四千三百余里即昆仑。今中国在昆仑东南，而天下之山祖昆仑，惟派三干以入中国。其河北之诸山，则自北寰武、岚宪诸州，乘高而来，山脊以西之水，流入龙门西河，脊东之水，流于幽冀，入于东海。其西一支为湖口泰岳。次一支包汾晋之原而南出，以为析城、王屋，而又西折为雷首。又一支为恒山，又一支为太行山。太行山一千里，其山高甚。上党在山脊，河东河北诸州在山支。其最长一支为燕山，尽于平梁。大河以南诸山，则关中之山，皆自蜀汉而来。一支至长安而尽。关中一支生下函谷。以至嵩、

① 参见[唐]杨筠松：《撼龙经》，《四库术数类丛书》（六），上海古籍出版社1995年版，第40页。

少，东尽泰山。一支自嶓冢、汉水之北生下，尽扬州江南诸山，皆祖于岷江，出岷山。岷山夹江两岸而行，那边一支，去为江北许多去处。这边一支，分散为湖南、闽、广，尽于两浙、建康。其一支为衡山，而尽于洞庭、九江之西。其一支度桂岭，则包湘源，而北经袁之地，以尽于庐阜。其一支自南而东，则包彭蠡之原，度歙黄山，以尽于建康。又自天目山分一支，尽于浙江西之山，皆自五岭赣上来，自南而北。闽广之山，自北而南。一支则又包浙江之原，北首以尽会稽，南尾以尽闽粤。[①] 以上为中国诸山祖宗支派的大纲。简单来说就是长江与南海夹南条干龙，尽于东南海；黄河与长江夹中条干龙，尽于东海；黄河与鸭绿江夹北条干龙，尽于辽海。

元代刘秉忠著、明初刘基注解的《平砂玉尺经》载："原文：万山一贯起自昆仑。刘释：山龙之散见于地，虽有千万之多，而其龙脉之来，皆出于昆仑。按《搜异录》及地志图言，昆仑山高一万八千九百四十七里，中峰齐天。在中国计之，昆仑则在西北乾兑之间，实天下山川之祖。而五岳之入中国，又众山之大宗也。"元明时，人们仍在梳理三大山脉的走向，所以刘基称："昆仑山祖势高雄，三大行龙南北中。分布九州多态度，精粗美恶产穷通。"从昆仑山发源的三条山脉分布于九州大地上，出现了多种形态，精粗美恶各不相同，只要在精、美的干龙下定都都是可以的。故刘基称东南干龙结帝都三起，

---

① ［宋］黎靖德编：《朱子语类》卷二，《理气下·天地下》，清文渊阁四库全书本。

中干龙结帝都三起，北干龙结帝都一起。明初徐善继、徐善述兄弟二人所著《人子须知资孝地理心学统宗》称：“《性理大全》临川吴氏曰：‘天下之山脉起于昆仑。’蔡牧堂《发微论》曰：‘凡山皆祖昆仑。’”二徐亦认为，中国诸山皆始发于昆仑山，分脉四列，遍布九州。北条出河北，入云中，过雁门、代郡，复回南而太原帝丘，循太行、恒山，派九河。东北渡辽海以入于海，为冀燕之分。中条出河南，自秦、陇、三辅入丰、沛、汾、晋，派伊、洛，东而淮泗，以入于海，为雍、豫、青、徐之分。南条出江南，自陕右分出西鄙，回巴蜀，逾荆

中国三大干龙总览之图（采自徐善继、徐善述《人子须知资孝地理心学统宗》）

衡，入黔中。东而匡阜，南极岭。复东北，渡闽粤，跨三吴，自浙右以入于海。为梁、荆、扬之分。此三干之布于九州也。[①]

明嘉靖之前，三大山脉的地理走向没有统一，众说纷纭，自王士珍的“三大干龙之说”起，才从地理上最终得以定型：

> 昆仑据地之中，四旁山麓各入大荒。入中国者，东南支也，其支又于塞外分三支：左支环虏庭阴山、贺兰入山西，起太行，数千里出为医巫闾，渡辽海而止，为北龙。中支循西番入趋岷山，沿岷江左右。出江右者，叙州而止。江左者，北去趋关中脉系大散阙，左渭右汉，为终南太华，下泰岳，起嵩山，右转荆山抱淮水；左落平原千里，起泰山，入海，为中龙。右支出吐蕃之西，下丽江，趋云南，绕霑益，贵州关索，而东去沅陵。分其一由武关出湘江，西至武陵止。又分其一由桂林海阳山，过九嶷衡山，出湘江，东趋匡庐止。又分其一过庾岭。渡草坪，去黄山，天目、三吴止；过庾岭者，又分仙霞关，至闽止；分衢为大拌山，右下括苍，左去为天台四明，渡海止；总为南龙也。[②]

从昆仑山发源的三支山脉：

---

① 参见［明］徐善继、徐善述：《地理人子须知》，华龄出版社 2012 年版，第 1、第 9 页。

② ［明］徐霞客：《徐霞客游记·序》，民国奉天惠迪吉书局刊印本，第 3 页。

第一支沿阴山、贺兰山进入山西，起太行山，沿太行山山脊逶迤北行进入漠南，形成燕山，再东行没入东海。此为北干龙山脉。

第二支至岷山沿左路进入关中，起终南太华山，东行起嵩山，再东行潜入千里平原后而起泰山，再右转抱住淮水，然后进入大海。此为中干龙山脉。

第三支至岷山沿右路从西藏的西边南下丽江，进入云南，经贵州关索，东行至湖南沅陵，然后分为两支：一支由武关出湘江，西至武陵止；一支过庾岭，渡草坪，至黄山、天目山、三吴止。然后分为三支，至庾岭的这支山脉过仙霞关后至闽南诸山止，然后南下括苍山，北至天台四明山，进入大海。此为南干龙山脉。

王士珍三大山脉说寻源溯委，脉络井然，实为集数代山脉理论之大成。所言山脉走向和分布，不掺杂一行两戒星野之见，亦非杨氏、徐氏兄弟等辈之说，是已初具科学性的地理观，为一大进步。

三、尧都文化中心说的产生

面对如此庞大而复杂的山脉分布，宋代时，人们对地理空间的认识发生了变化，中国不是大地的中心，导致了对中国中心的讨论。首先对周公所定洛阳为天下之中进行了质疑，《朱子语类》记录了朱熹和学生之间的一次对话："'周公定豫州为天地之中，东西南北各五千里。今北边无极，而南方交趾便际海，道里长短敻殊，何以云各五千里？'曰：'此但以中国地段四方相去言之，未说到极边与际海处。南边虽近海，然地形则未尽。如海外有岛夷诸国，则地犹连属。彼处海犹有底，至海无底处，地形方尽。周公以土圭测天地之中，则豫州为中，而南北东西际天各远许多。至于北远而南近，则地形有偏尔，所谓地不满东南也。禹贡言东西南北各二千五百里，不知周公何以言五千里。今视中国，四方相去无五千里，想他周公且恁大说教好看。如尧舜所都冀州之地，去北方甚近。是时中国土地甚狭，想只是略相羁縻。至夏商已后，渐渐开辟。如三苗只在今洞庭彭蠡湖湘之间。彼时中国已不能到，三苗所以也负固不服。'"[①] 称洛邑距离东西南北的边界均为五千里，即所谓"四方入贡道里均"，但北方到尽头也看不见大海，而南方到交趾便是大海了，道里长短不一样，怎么能说各五千里呢？朱熹的回答是：周公是以当时的地理范围而言的，未说到陆地的尽头与大海的边缘。南边虽然到海了，但并没到尽头，海外还有岛夷诸国。周公以土圭测天地之中，是以豫州为中心的，但实际上南北东西四方的距离是不相等的，北边距离长，南边距离短，所以地形有偏差，所谓"地不满东南"。《尚书·禹贡》记东西南北各二千五百里，而周公却言五千里。今观中国，中

① ［宋］黎靖德编：《朱子语类》卷二，《理气下·天地下》，清文渊阁四库全书本。

心到四方的距离没有五千里，想必周公是夸大其词。如尧舜所都冀州之地，距离北方很近，空间狭小，中心概念亦受当时地理的限制。夏商以后，地理空间扩大了，如三苗在今洞庭彭蠡湖湘之间，而当时的中国（夏）却不能达到，三苗所以才“负固不服”，认为夏不是天下的中心，怎么服你呢？

大河大江源于昆仑山，随着地理空间的扩大，在地理空间上否定了中国为天下中心的中心观。周公确定的洛邑为天下中心也就不复存在。但宅兹中国，该如何解释呢？

朱熹虽然也承认昆仑山是天下的祖山，但他还是抬出了尧都，以一种新的地理观来认定尧都是宅兹中国的天下中心。

朱熹称：“尧都中原，风水极佳。左河东太行诸山相绕，海岛诸山亦皆相向。右河南绕，直至泰山凑海。第二重自蜀中出湖南，出庐山诸山。第三重自五岭至明越。又黑水之类，自北缠绕至南海。泉州常平司有一大图，甚佳。河东地形极好，乃尧舜禹故都，今晋州河中府是也。左右多山，黄河绕之，嵩华列其前。”在此，朱熹又简单地划分了三大山脉，第一大山脉从太行山到燕山，再到泰山入海。第二大山脉从四川到湖南，结为庐山诸山。第三大山脉自五岭至明越诸山。尧都位于第一大山脉之下，即今黄河东、太行山西的晋州河中府，地处运城盆地，左右有山环抱，黄河从西来绕前而过，是地理形势极佳之处。接着朱熹对河中府作了更为详细的解说：

冀都是正天地中间……山脉从云中发来，云中正高脊处。自脊以西之水，则西流入龙门西河；自脊以

> 东之水，则东流入海。前面一条黄河环绕，右畔是华山耸立，为虎。自华来至中，为嵩山，是为前案。遂过去为泰山，耸于左，是为龙。淮南诸山是第二重案，江南诸山及五岭又为第三四重案。[1]

冀都，指的是尧都，朱熹称冀都处天地正中间，其原因是所靠之山脉太行山从北部的云中山脉发来，形成脊梁，梁西侧的河流向西流入黄河龙门处，梁东侧的河流则向东流入大海。前面有黄河环绕，西边的华山耸立为虎，嵩山为前案，东边的泰山耸立为龙，淮南诸山为第二重案，江南诸山为第三重案，五岭为第四重案，强调了尧都的层层案山重叠和大河大江环绕之地理格局，具有“大举九州之势以立城郭”的地位和气势，为天下山川所拱卫，故为天地的正中间。

所以看一座城是否处天地正中间，不是看它是不是大河大江的发源处，而是看它是否被天下山川拱卫，这就是朱熹提出的新地理观，显然冀都是最符合这一理论的。

冀都成为正天地中间，地理拱卫是必备的外在条件，但最关键的因素在于它是尧所定的都城。孔子称：“大哉尧之为君也！巍巍乎！唯天为大，唯尧则之。荡荡乎民无能名焉。巍巍乎其有成功也，焕乎其有文章。”尧之所以伟大，是因为他奠定了礼乐基础，即开创了文明。《尚书》亦称尧：“允恭

① ［宋］黎靖德编：《朱子语类》卷二，《理气下·天地下》，清文渊阁四库全书本。

克让，光被四表，格于上下。克明俊德，以亲九族。”尧善治天下，道德纯备，温和宽容，忠实不懈，又命羲氏、和氏推算日月星辰的运行规律，制定历法。尧有大德，光辉普照四方，至于天地。故《中庸》称：“祖述尧舜，宪章文武。”既然文化传统源于尧舜，何不回到尧舜禹时代都城所在地以确定文化正统中心呢？只有这样，才能定中心于永远而不动摇。所以朱熹称尧都是正天地中间，其真正用意在于确立尧都的唯一性、源头性、最尊性，即尧都中心论，也就是儒家文化的正统源头。

朱熹所称的尧都正天地中间，追根溯源则出自《尚书·舜典》和《诗经·鄘风·定之方中》。《尚书·舜典》曰：“在璇玑玉衡，以齐七政。肆类于上帝，禋于六宗，望于山川，遍于群神。”大舜在继位时，不仅观察了天象，根据天时运行的规律列出了七项政事，还祭祀了上帝，特别是瞄准了山川。所谓“望于山川”，也就是天下的地理范围都在其所视之内。《诗经·鄘风·定之方中》亦曰：

定之方中，作于楚宫。
揆之以日，作于楚室。
树之榛栗，椅桐梓漆，爰伐琴瑟。
升彼虚矣，以望楚矣。
望楚与堂，景山与京。
降观于桑，卜云其吉，终然允臧。
灵雨既零，命彼倌人。

星言夙驾，说于桑田。

匪直也人，秉心塞渊，騋牝三千。

楚宫是卫国的宫城，营建宫城时，参照了天上的定星，朱熹注曰："而人君居必南面，故亥月昏时，见定星当南方之午位，因记此星为每岁营作之候。"营室星亦称定星，每年十一月的黄昏，此星出现于正南方天空上，与北极星正好成一线，是君王定都定向的星象参照物。望：瞄准。楚：楚丘。堂：太庙。景山：大山。京：都城。诗中"望楚与堂，景山与京"，道出了建都或营建宫室的一个根本方法，即堂与楚丘要相对成一条线，京城与大山亦要成一条线。也就是说堂要对准南方的一座大山，这与天象北极星与定星成一条线是一致的，强调了其天命和独尊性，亦即《尚书》所记大舜"望于山川"的定位原则。冀都正前方对准的是嵩山、淮南诸山、江南诸山和五岭，具有了"望于山川""定之方中"的气势，构建了冀都成为天地正中间的地理空间。

四、冀都为北京城说

朱棣的历史使命是迁都北京，作为"靖难"而取得的政权，他需要将北京确立为天下的中心。

明初的大学士们在北京城紫禁城竣工之时，各自写下赞颂之赋，均称北京处天下之中，陈敬宗《北京赋》曰：“拱北辰兮帝居，陋巩固于金汤。均万国兮会同，而适居天下之中央也。”金幼孜《皇都大一统赋》曰：“于是儆古制，肇建两京，以为北京实当天下之中。”杨荣《皇都大一统赋》曰：“诏建两京，以肇国家万万世之鸿基，以开天下万万世之太平，甚盛举也。况北京实当天地之中……”

这些大学士们虽然称北京居天下之中，但并没有回答北京为何居天下之中的问题。

明初郑林《皇都大一统赋》曰：“维此北京，冀域尧封。”他提了个醒，北京是尧地所在。这不得不让后来的学者们联想到尧都。朱熹称“冀都是正天地中间”，如果经过考证，冀都就是北京，那么北京天下中心的地位也就被确立下来了。

成化时人丘濬《大学衍义补》称：“臣按朱熹语录：‘冀都是正天地中间，好个风水，山脉从云中发来，云中正高脊处。自脊以西之水，则西流入于龙门西河；自脊以东之水，则东流入于海。前面一条黄河环绕，右畔是华山耸立，为虎。自华来至中，为嵩山，是为前案。遂过去为泰山，耸于左，是为龙。淮南诸山是第二重案，江南诸山及五岭又为第三四重案。’观是言也，则知古今建都之地皆莫有过于冀州可知矣。虞夏之时，天下分为九州，冀州在中国之北，其地最广，而河东河北，皆在其域中，四分之一，舜分冀为幽、并、营，幽与并、营皆冀境也。”[1]丘濬指

① ［明］丘濬：《大学衍义补》卷八五，《治国平天下之要·备规制·都邑之建上》，清文渊阁四库全书本。

出朱熹所言之冀都，指的是北京城，因为幽州古属冀州。

明代徐善继、徐善述兄弟二人《人子须知资孝地理心学统宗》称："朱子曰：'冀都是正天地中间，好个大风水。山脉从云中发来。云中正高脊处，自脊以西之水，则西流入龙门、西河；自脊以东之水，则东流入海。前面黄河环绕。右畔是华山耸立，为虎。自华来至中为嵩山，是为前案。遂过去为泰山，耸于左，是为龙。淮南诸山是为第二重案，江南诸山及五岭……又为第三四重案。'正谓此也。吴兴唐子镇以燕京为枝结，谓朱子所论冀都指作尧都，非也。彼盖未考舜分冀东为幽州，而幽燕古通称冀耳。偿如所指，则朱子为何复曰：'尧都中原，风水极佳，左河东太行诸山相绕，海岛诸山亦指相向'云云？此不待辨说而明矣。故丘文庄公《循义补》，直以朱子所称为今京师，诚确见也。其以燕京为枝结者，不为妄谈也乎？"[1] 兄弟俩持同样的观点，称朱熹所言冀都非尧都，幽燕古通称冀，故冀都指的是北京城。

根据朱熹所言，冀都正前方对的是嵩山，北京正前方对的是泰山，二者不处于同一经度线上。所以冀都并非北京，但这些学者仍然把北京当作冀都。

丘濬《大学衍义补》称："（北京）况居直北之地，上应天垣之紫微，其对面之案，以地势度之，则太岳万山之宗，正当

① ［明］徐善述、徐善继：《人子须知资孝地理心学统宗》，《故宫珍本丛刊》第 411 册，海南出版社 2000 年版，第 31 页。

明代谢时臣《泰山松障图》

其前也。夫天之象以北为极，则地之势亦当以北为极。”[①] 太岳：泰山。北京城与泰山正对一线。

万历时人章潢《图书编》亦称：“山东诸山横过为前案，黄河绕之。淮南诸山为第二重案，大江绕之，江南诸山则为第三重案矣。盖黄河为分龙分祖之水，与大江及山东淮南江南之山水，皆来自万里而各效用于前，合天下一堂局，此所谓大聚大成之上者也。”[②] 山东诸山指泰山，这段话显然源于朱熹“冀都是正天地中间”之说，只是原冀都正前方所对的嵩山改为了北京城正前方所对的泰山。

上述学者运用朱熹“冀都是正天地中间”之山川拱卫中心说，称北京城最符合冀都之地理形势，泰山耸于南，而泰山自古是帝王封禅之处，为五岳之尊，那么北京城居天下之中心说也就确立了。

---

① ［明］丘濬：《大学衍义补》卷八五，《治国平天下之要·备规制·都邑之建上》，清文渊阁四库全书本。

② ［明］章潢：《图书编》卷三五，《皇明南北两都总叙·南北两地山川》，清文渊阁四库全书本。

第四章 紫禁城五门的历史渊源

永乐十八年（1420 年）迁都北京，在元大都基础上改造的北京城，从京城南大门到紫禁城一共布置了五座大门，分别是正阳门、大明门、承天门、端门和午门。清王朝时保留了明代五门建制，只是对部分门座进行了重建，如午门，四座阙亭由明代盝顶改为四角攒尖顶。这五座大门除大明门外，其他门座均保存至今。清代《康熙南巡图》对五门作了细致的描绘，留下了完整的五门图像资料，与现存门座形制完全相同。北京城的五门制度源远流长，源于东汉郑玄的天子五门之说。在郑玄等古文经学家们看来，五门制度源自周代，且与三朝相关联。三朝即外朝、治朝和路朝，是由五门来进行分割的，以区别各朝不同的功能，五门空间是周王朝治理天下的核心空间。从此，五门之说被后世奉为圭臬，成为都城建制的标志。根据历代都城建制，五门三朝是在一条中轴线上展开的，从而塑造了都城气势。但隋唐之后，五门与三朝逐渐分离，明清时代的五门之内，已无三朝存在，完全成为礼制的象征。

一、紫禁城的五门

幽燕之地是元明清三个大一统王朝连续定都的地方，据记载，元明两朝都建有五门，元代黄文仲《大都赋》曰："合乎五六，天地之中，前则五门，骈启双阙对耸。"据元代陶宗仪《南村辍耕录》和明洪武工部郎中萧洵《故宫遗录》的记载，大都城五门应为丽正门、灵星门、崇天门、大明门和延春门。永乐时大学士李时勉亲历北京城的营建，所写《北京赋》称："两观对峙以岳立，五门高矗乎昊苍。"北京城即紫禁城也有五门建制，与李时勉同朝为官的杨荣《皇都大一统赋》记："其南则有午门、端门，左掖、右掖。丹阙峙而上耸，黄道正而下直。豁大明之高张，屹正阳之拱挹。""丹阙"指门，"黄道"指太阳运行的轨道，上应黄道即承天，故"丹阙峙而上耸，黄道正而下直"指承天门，他所写的这段话，揭示了宫城前的五门为午门、端门、承天门、大明门和正阳门。嘉靖时人帅机《北京赋》曰："五门洞辟，次第崚嶒。……爰有正阳大明，向离重光。奉天渐高，端门将将。楼名五凤，下临无地。""奉天"即承天，"五凤"即午门，帅机称五门为正阳门、大明门、承天门、端门和午门，排序与杨荣所言相同。在朱棣迁都北京之前，南京城亦建有五门。李夔平先生考证，建文二年（1400年）时，应方孝孺建议，午门改曰端门，端门改曰应门，承天门改曰皋门，前门改曰辂门，以符古制，南京城的五门为辂门（前门）、广敬门（洪武门）、皋门（承天门）、应门（端门）和

正阳门箭楼

端门（午门）。[1] 若将北京城五门与建文帝时的南京城五门相比较，则南京城的辂门相当于北京城的正阳门，广敬门相当于北京城的大明门，皋门相当于北京城的承天门，应门相当于北京城的端门，端门相当于北京城的午门。南京城五门与杨荣《皇都大一统赋》记载的北京城的五门序列是一致的。清廷入主北京，继承了明代北京城五门建制。

正阳门，建于永乐十八年（1420 年），为五门的第一座大门，又称都城的南门，与《逸周书》所记武王伐纣班师回朝所

① 李燮平：《明代北京都城营建丛考》，紫禁城出版社 2006 年版，第 342 页。

进入的都城南门相同。正阳门多次被毁，清光绪时重建，坐落在城台上，主体建筑为歇山楼阁式，面阔七间，进深三间，周围廊，高度达 42 米，中轴上最高的建筑，其高大与五门之首门——皋门相应，符合《诗经》“皋门有伉”的气势。元大都南门名曰丽正门，新王朝不用前朝门名，故明代北京城南门名曰正阳门，其意与丽正门相同，都是“日月丽于天”之义，为光明正大之门。

大清门，明称大明门，此门已于 1958 年拆除，我们只能根据老照片考察其形制，为一座单檐歇山顶的砖石结构建筑，门三阙，中帝门，左右王门。凡国家有大典则开启，否则常闭

大清门（明大明门）

不开。门前地正方，称为天街，绕以石栏，左右立二石狮。大学士解缙题门联曰："日月光天德，山河壮帝居。"日月合在一起即曰明。

大清门北为天安门，明称承天门，建于永乐十八年（1420年）。它又是皇城的正门，门前天街横亘，左为东长安门，右为西长安门。每日百官奏进，俱从东西长安门入。在京法司如遇会官审录重囚，皆于承天门东西分为四行列坐。公、侯、驸马、伯列于东班前行，都督等官列于东班后行；尚书、都御史、侍

天安门（明承天门）

郎等官列于西班前行，通政使、大理寺佐贰官并六科掌科事给事中列于西班后行。此乃周代外朝断狱功能的延续。遇国家颁诏，按例将诏书置于椟中，用绳子将椟自承天门楼上垂下。

天安门原为黄瓦飞檐三层楼式五座木牌坊，成化元年（1465 年）三月，命工部尚书白圭主持建造承天门，改建后为一座宫殿式城楼，重檐歇山顶，面阔九间，进深五间。清顺治八年（1651 年）重建，改曰天安门。

天安门后为端门，建于永乐十八年（1420 年）。隋大业元

端门

年（605年），所建皇城号曰太微城，正南门曰端门，《晋书·天文志》曰：“太微三辉之庭，而四星执法，中端门。”端门乃源于三垣之太微垣端门名。明清两代于此存放仪仗用品。历代对端门的理解不同，李燮平先生考证，端门之名亦用于宫内正门，如《雍录备对》称“凡宫中之正门皆可名端门”，又《礼记·明堂位》注称“南门之外门亦曰应门。盖明堂之南门犹路门，故南门之外门亦谓之应门”，建文朝改端门为应门，似属此意，其改午门曰端门与《雍录备对》所言相通。[1]

午门，是紫禁城的正门，建于永乐十八年（1420年），平面呈“凹”字形，带双观，为《周礼》中的应门。门前设日晷，是朝臣的“待漏”之处。清顺治四年（1647年）重建。午门三阙，上覆重檐九间，南北彤扉各三十六间，左右设钟鼓楼，明廊翼以两观。杰阁四耸，左右各一阙，西向者曰左掖门，东向者曰右掖门。乾隆时于午门外设嘉量，凡献俘礼、颁朔礼皆于此举行。

午门举行的颁朔礼如下：

进入冬季后，要于孟冬（初冬十月）的某一日举行颁朔礼。届时，钦天监官员设黄案于午门外正中，另设二案于御道左右，将进献给皇帝的时宪书置于中案上，颁给王公百官的时宪书置于左右两案上。陈设毕，举中案由午门中门入，监正和监副跟随其后，至太和门设于左右阶。监正等于丹墀左行三跪九叩礼

① 参见李燮平：《明代北京都城营建丛考》，紫禁城出版社2006年版，第398页。

毕，将时宪书授给内务府掌仪司官奉送至乾清门恭呈皇帝。是日，王、贝勒、贝子、公以下文武百官皆穿朝服集合于午门下。鸿胪寺鸣赞官赞唱排班，王、贝勒、贝子、公序立于御道上，文武百官序立于御道左右，皆朝北而立，东班西上，西班东上。赞“有制”，众位皆跪。宣读官西面宣读毕，众行三跪九叩礼后，王公百官皆依次跪领时宪书，然后才颁布于畿甸的民众使

午门

用。颁布时宪书，意义重大，如乾隆《十月朔日颁时宪书诗》曰“九瀛咸奉朔，四海正同文”，颁朔是大一统的象征。

除了上述五门（除大清门外）真实遗存，《康熙南巡图》中亦保存了当时绘制的五门图像。

二、《康熙南巡图》中的五门

清代康熙曾经六次南巡，但只有康熙二十八年（1689 年）的第二次南巡绘制成图，共计十二卷，绢本设色。第二次南巡从正月初八离开京师，到三月二十日入跸京师，历时两个月零十二天。其中第十二卷，纵 67.8 厘米，横 2612.5 厘米，描绘了康熙一行结束南巡，回到京师的情景。[①] 该卷卷首题词曰：“皇上南巡典礼告成，于时黄流底绩，风俗成书。我皇上过化存神之德，沦濡周浃，因具入跸之仪，言旋京师，驾自永定之门至于午门。京师父老歌舞载途，群僚庶司，师师济济，欣迎法从。其邦畿之壮丽，宫阙之巍峨，瑞气郁葱，庆云四合，用志圣天子万年有道之象云。”黄流，出自《诗经 · 大雅 · 旱麓》“瑟彼玉瓒，黄流在中”；底绩，出自《尚书·禹贡》“覃怀底绩，至于衡漳”，取得成绩义；过化存神，出自《孟子》“夫君子所

① 参见聂崇正：《清代历史画巨作——〈康熙南巡图〉》，《故宫博物院院刊》1981 年第 2 期。

过者化，所存者神，上下与天地同流”；天子万年，出自《诗经·大雅·江汉》“虎拜稽首，天子万年”。

该卷除描绘康熙南巡结束后回京时的浩浩队伍外，还完整地、连续地呈现了正阳门、大清门、天安门、端门和午门五座大门的形制与规模，这在历史上以图像的形式表现五门算是第一次。清廷入主北京城，明代北京城并没有被毁坏，而是被完整地保存了下来，所以图中所绘五门是研究明清之际五门变化

《康熙南巡图》中的正阳门城楼

《康熙南巡图》中的正阳门箭楼

的重要图像史料。

正阳门在明嘉靖帝增建外城之前是北京城的南大门，由城楼、箭楼、闸楼及瓮城组成，具备完整的防御功能。图中瓮城绘有四个门洞，东西两个闸门上的闸楼矮小，南门洞箭楼高大。瓮城内城楼南侧西为关帝庙，东为观音庙。城楼是正阳门的主体建筑，又称正阳门大楼，与现存正阳门形制相同。《正阳门大楼立样图》上的题记曰："正阳门大楼一座，七间，明间面宽二丈六尺二寸四，次间各面宽一丈五尺一寸二，梢间各面宽一丈二尺。两山各显三间，山明间面宽二丈二尺二，次间各面宽一丈二尺，周围廊深一丈三。滴水歇山大脊成做。"城楼和箭楼均为歇山楼阁式，屋顶均覆筒板瓦绿琉璃剪边，箭楼南面设有四层箭窗，每层十三孔，与现存箭楼形制相同。前有石拱桥三座，中间为御道，图中行进的是大驾卤簿仪仗队，前面骑在马上的官员手里牵着一匹白马，后面为弓箭手。

大清门，单檐歇山顶，覆黄色琉璃瓦，红墙，汉白玉须弥

《康熙南巡图》中的大清门

基座，三门洞开，与清末老照片中大清门形制相同。门前设红漆栅栏，以为天街。图中仪仗队执弓箭和豹尾。

天安门，重檐歇山顶，覆黄色琉璃瓦，九五开间，建于城台上，红墙，汉白玉须弥基座，五门洞。前后置四座华表，门前设五座汉白玉石桥，桥两头设石狮四座，与现存天安门形制相同。图中五门洞开，桥南端御道两侧陈设四乘辂车和两头驾辇象，御道两侧行进的仪仗队手执弓箭和豹尾。

《康熙南巡图》中的天安门

《康熙南巡图》中的端门

端门，重檐歇山顶，覆黄色琉璃瓦，九五开间，建于城台上，红墙，汉白玉须弥基座，五门洞，与现存端门形制相同。图中五门洞开，仪仗队正穿门而过。

午门，平面呈“凹”字形，东西北三面城台相连，正面城楼为重檐庑殿顶，覆黄色琉璃瓦，九五开间。东西城台上各有庑房十三间，南北两端各有重檐攒尖顶阙亭一座。红墙，汉白玉须弥基座，与现存午门形制相同。据明代《徐显卿宦迹图》，午门南北两端的四座阙亭则为盝顶。《康熙南巡图》中五门洞开，两观下相对陈设两头引导象和三头驮宝瓶象。门前仪仗队于御道两侧相对而立，分六组。第一组执伞，包括黄、红、白、青、黑、紫颜色的绣有龙纹、花卉纹的方伞、圆伞，共二十对。第二组执扇，包括红色、黄色、单龙、双龙、方形、圆形扇，共二十对。第三组执幡、幢、麾、氅、节等，共二十三对。第四组执各种旗、纛共一百零九面，每旗各有名目。第五组执金钺、星、卧瓜、立瓜、吾仗各三对，御仗四对。第六组是乐队，包括鼓四十八面、杖鼓四面、板

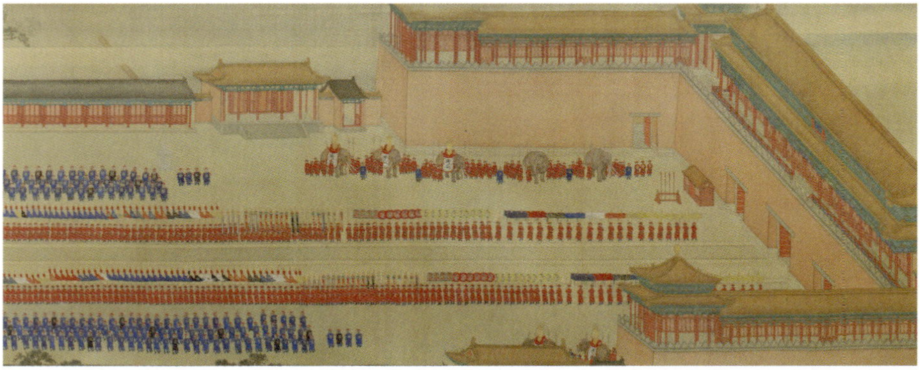

《康熙南巡图》中的午门

四串、龙头笛十二枝、金四面、画角二十四枝、金钲四面、小铜号八枝、大铜号八枝；另有红灯三对穿插于卤簿当中；引杖三对，两对在队列北端的四面旗帜两旁，一对在伞与幡之间。①

五座大门气势宏伟，纵向排列于宫城之前，且五门之间没有建任何宫殿，如此重复地建造门座，源自何种制度呢？

三、郑玄的五门之说

天子五门之说始自东汉郑玄。《周礼·天官·阍人》载："阍人掌守王宫之中门之禁。"郑玄注曰："郑司农云：'王有五门，外曰皋门，二曰雉门，三曰库门，四曰应门，五曰路门，路门一曰毕门。外朝在路门外，内朝在路门内。左九棘，右九棘。故易曰：系用徽纆，示于丛棘。'玄谓明堂位说鲁公宫曰：'库门，天子皋门；雉门，天子应门。'言鲁用天子之礼。所名曰库门者，如天子皋门；所名曰雉门者，如天子应门。此门制，二兼四，则鲁无皋门、应门矣。檀弓曰：'鲁庄公之丧，既葬，而绖不入库门'，言其除丧而反由外来，是库门在雉门外必矣。如是王五门，雉门为中门，雉门设两观，与今

① 参见万依：《〈康熙南巡图〉中的卤簿》，《紫禁城》1980 年第 4 期。

之宫门同。”[1]对郑玄注分析如下。

第一，五门之说，郑玄称乃出自郑司农之言，五门排序为：第一门皋门，第二门雉门，第三门库门，第四门应门，第五门路门。

第二，郑玄根据《礼记·明堂位》“库门，天子皋门；雉门，天子应门”，认为这是二兼四的作用，即鲁国的库门兼具天子皋门和库门的作用，雉门兼具天子雉门和应门的作用，故天子有库门、皋门、雉门、应门，加上路门，一共有五门。

第三，郑玄引《礼记·檀弓》所记，鲁乱之际，庄公死后，闵公立，庄公下葬后，庆父强势而闵公不敢居丧，穿丧服到了库门时，换成吉服才入宫，说明库门是鲁国国都的南门即第一门。又《礼记·檀弓上第三》载：“复于小寝、大寝、小祖、大祖、库门、四郊。”是说诸侯国君卒后，招魂的先后顺序是从小寝开始，由内向外进行，出库门，再到四郊结束，所以库门是诸侯宫室最外的门。

故郑玄在《礼记》注中称：“天子五门：皋、库、雉、应、路，鲁有库、雉、路，则诸侯三门。”郑玄对天子五门的排序为：第一门皋门，第二门库门，第三门雉门，第四门应门，第五门路门，雉门居中有两观，与今之宫门同，证明本朝宫门设置的正确性。自郑玄提出此五门说之后，郑司农的五门排序也就销声匿迹了，郑玄五门说遂成为后世都城建制立法的根据，并成为正统的象征。

---

① ［汉］郑玄注，［唐］贾公彦疏：《周礼注疏》卷三五，清文渊阁四库全书本。

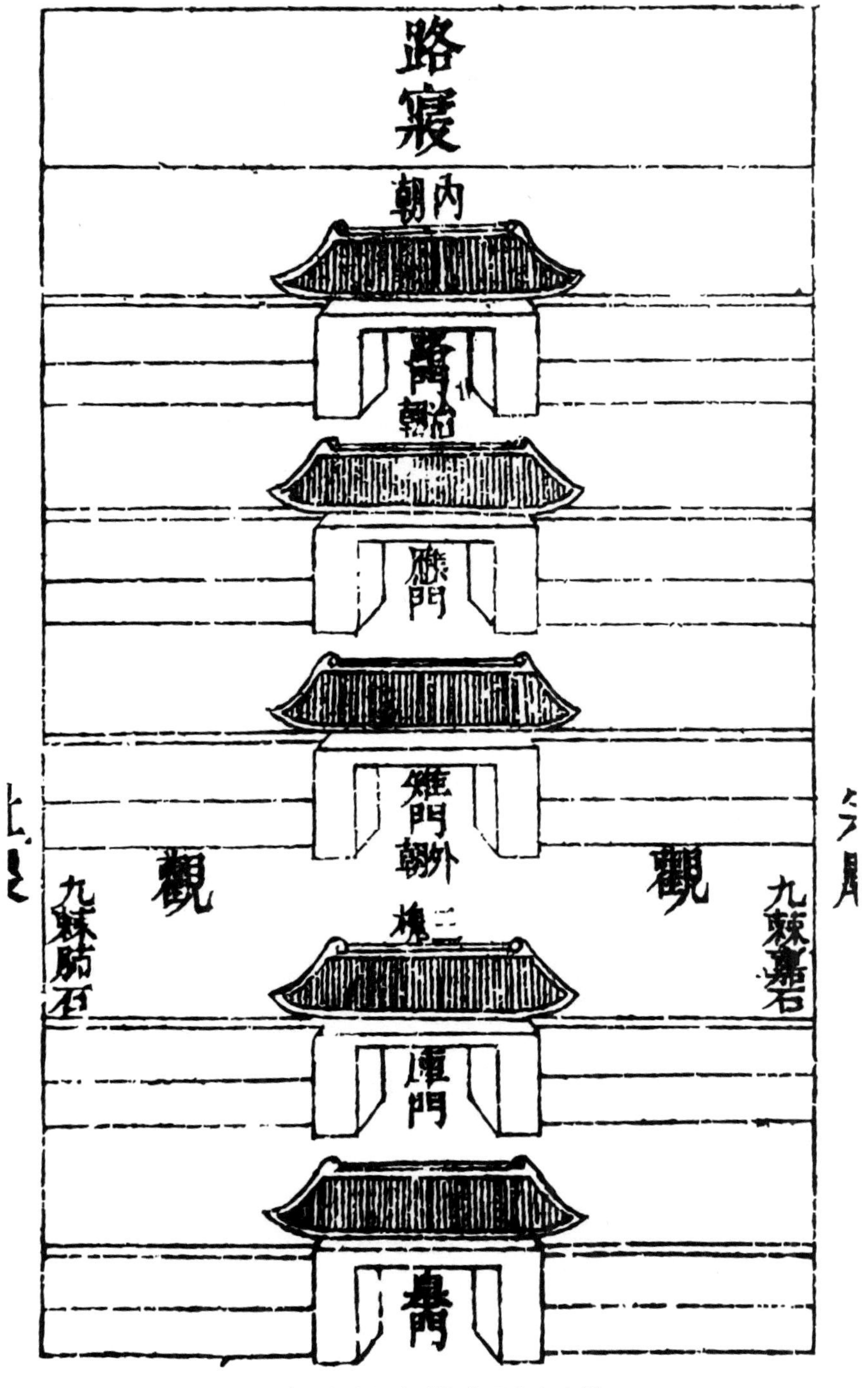

周王城五门三朝图（采自清乾隆《钦定周官义疏》）

在天子五门中，皋门和应门为天子所专有，诸侯只有库门、雉门和路门。为何皋门和应门具有如此崇高的地位呢？

四、为何天子有皋门和应门

（一）古公亶父迁岐建皋门和应门

长治久安的社会，必须有一个稳定的国都，安居才能乐业，才能实现天下大治的理想。历史上曾有过都城累次迁徙的记载，商王朝历史上就发生过“九世五迁之乱”，即仲丁迁隞、河亶甲迁相、祖乙迁邢、南庚迁奄、盘庚迁殷，这五迁中，盘庚迁殷是商代最重要的迁都。《册府元龟》载：“盘庚时，殷已都河北，盘庚渡河南，复居成汤故居，乃五迁无定处，民咨胥怨，作盘庚三篇。”《盘庚》三篇实为盘庚在迁都前后为说明迁都理由而发表的三次演说，以鼓励民众、稳定民心。累迁是因为没有找到生息发展之处。周人也有过不断迁徙的过程，“教民稼穑，树艺五谷”的周始祖后稷，尧时封于邰，子不窋失其官，而奔于戎狄之间，至不窋孙公刘迁至豳，以复后稷之业，才得到了安定，民生得以发展，所以《诗经·公刘》曰：“于胥斯原，既庶既繁，既顺廼宣，而无永叹。”至其子庆节始建国都于豳，历经皇仆、差弗、毁隃、公非、高圉、亚圉、公叔祖类共八代。《孟子·梁惠王章句下》说，至古公亶父时，“昔者大王居邠，狄人侵之。事之以皮币，不得免焉。事之以犬马，不得免焉。事之以珠玉，不得免焉。乃属其耆老而告之曰：‘狄人之所欲者，吾土地也。吾闻之也：君子不以其所以养人者害人。二三子何患乎无君？我将去之。’却邠，逾梁山，邑于岐山之下居焉”，古公亶父避狄人之攻，遂率族人去豳渡漆沮河，翻逾梁山，止于岐山脚下，这里土地肥沃辽阔，水草丰茂，古公亶父乃营筑城郭宫室，始改国号曰周。《诗经·绵》记载了古公亶父迁岐的全过程，诗曰：

绵绵瓜瓞。民之初生，自土沮漆。古公亶父，陶复陶穴，未有家室。

古公亶父，来朝走马。率西水浒，至于岐下。爰及姜女，聿来胥宇。

周原朊朊，堇荼如饴。爰始爰谋，爰契我龟，曰止曰时，筑室于兹。

廼慰廼止，廼左廼右，廼疆廼理，廼宣廼亩。自西徂东，周爰执事。

乃召司空，乃召司徒，俾立室家。其绳则直，缩版以载，作庙翼翼。

捄之陾陾，度之薨薨，筑之登登，削屡冯冯。百堵皆兴，鼛鼓弗胜。

廼立皋门，皋门有伉。廼立应门，应门将将。廼立冢土，戎丑攸行。

肆不殄厥愠，亦不陨厥问。柞棫拔矣，行道兑矣。混夷駾矣，维其喙矣。

虞芮质厥成，文王蹶厥生。予曰有疏附，予曰有先后。予曰有奔奏，予曰有御侮。

古公亶父率族人从杜水来到漆水旁时，初期创业艰难，挖洞筑窑，没有宗庙和宫室，因为这里不是生息发展的地方。《诗经·绵》记载，古公亶父和妻子驰马离开豳地，沿着渭水西走，来到了岐山脚下，被这里开阔而丰饶的平原震撼，在周原上驰骋勘察，眼光所及，尽是芳华。土地肥沃，阳光普照，堇葵苦菜像饴糖一样甜美。于是刻龟占卜，得到了神灵启示，说这里是定居的好地方，于此修建城郭宫室最吉祥，这才安心定居下来。大家齐心协力，开荒丈量土地，划定田界，翻地松土，从西到东连成一片一片的良田。下令司空司徒带领民众俾立室家。周原上响起平整土地的砰砰声，拉开了绳墨画下了长长的直线，竖起夹板夯筑厚厚的土墙，铲土的噌噌声、倒土的轰轰声、捣土的噔噔声、削墙的乓乓声，百堵土墙齐动工，声势压倒了喤喤的大鼓声，一座座房屋拔地而起，除了宗庙翼翼外，修建的两座城门，异常显眼，一座城门高大雄壮，一座城门庄严堂皇。还垒筑了祭祀社稷的神坛，从此民众有了归宿。到了周文王时，虽不能消灭别人的怨恨，但也不失去自己的名声。拔掉了柞棫野树，修建了通畅的道路。昆夷狼狈不堪，惊慌奔逃。虞国、芮国的国君被文王的美德感动，不再相争。《孔子家语·好生》记载了这段佳话："虞芮二国争田而讼，连年不决，乃相谓曰：'西伯，仁人也，盍往质之。'入其境，则耕者让畔，行者让路；入其邑，男女异路，斑白不提挈；入其朝，士让为大夫，大夫让为卿。虞芮之君曰：‘嘻！吾侪小人也，不可以入君子之朝。’遂自相与而退，咸以所争之田为闲田矣。孔子曰：‘以此观之，文王之道，其不可加焉。不令而从，不教而听，至矣哉！’”文王不大声以色，不长夏以革，视民如伤，望道而未之见，社会形成了良好的风气。人人彬彬有礼，温文尔雅，互相谦让，道路上看不见头发斑白的老者背负着重物前行的现象。

《诗经·绵》中所言“肆不殄厥愠，亦不陨厥问”“混夷駾矣，维其喙矣”“虞芮质厥成，文王蹶厥生”，无疑是古公亶父成功迁岐后打下的基础。文王呢？任用贤人，继承古公亶父的事业，维护了周人的声望，赶走了昆夷，建立了完整的国家制度。

迁至岐山脚下，周人从此改变了命运，周兴即从太王迁岐始。《毛诗序》曰：“绵，文王之兴，本由太王也。”方玉润《诗经原始》称：“此诗以地理言，故曰‘自土沮漆’，曰‘至于岐下’，曰‘筑室于兹’，凡属宗庙社稷，莫不制画昭然。使非去邠逾梁，何以臣服戎狄？……然诗虽重地利，仍以威德为主。故后二章，一感虞、芮，王道大行，天下归心。夫岂万因而致此哉？”[①] 周兴即德兴，故修建了宗庙社稷，使昆夷、虞芮感服，天下归心。

（二）皋门和应门是周兴的象征

《诗经·绵》中出现了“文王蹶厥生”句，说明这首诗写

---

① 周振甫译注：《诗经译注》，中华书局 2020 年版，第 377 页。

作于文王之后，是歌颂周人先祖创业的艰难。古公亶父迁岐始立国号曰周，说明周当时属于商的诸侯国，按规则，诸侯国都邑的门数不能超越天子之门数，但到底是三门还是两门，其名是什么？因无文献记载，不得而知。古公亶父所建皋门和应门，唐代孔颖达称："冢土非诸侯之社，则皋、应非诸侯之门。故云王之郭门曰皋门，王之正门曰应门。是诸侯之郭门不得名皋门，诸侯之正门不得名应门也。大王实非天子，而以皋、应言之者，美大王作郭门以致皋门，作正门以致应门。言大王本作郭门、正门耳。在后文王之兴，以为皋、应门。虽迁都于丰，用岐周旧制，故云致得为之也。"[1] 孔颖达认为古公亶父迁岐所修建的社、皋门和应门，非诸侯之社和门。太王并非天子，故"皋"和"应"是诗中歌颂太王所建城门高大，所建正门庄严的形容词，并非门名曰皋门和应门。后文王兴，当作了皋门和应门。而朱熹的说法更接近真实，称："大王之时未有制度，特作二门，其名如此。及周有天下，遂尊以为天子之门，而诸侯不得立焉。"[2] 朱熹认为太王所建的这两座门，其名如此，是因为当时商王朝没有制度规定，待周统一天下时，遂尊为天子之门，诸侯就不得设立这两座门了。所以，笔者认为太王所建之皋门和应门，就是国都的城郭南门和宫城或宗庙的南门名。城郭正门需高大，曰皋门，宫城正门需庄严，曰应

① ［汉］郑玄笺，［唐］孔颖达疏：《毛诗注疏》卷二三，清文渊阁四库全书本。

② ［南宋］朱熹：《诗经集传》卷七，清文渊阁四库全书本。

门，故“皋”和“应”不是脱离门的形容词，而是门名曰皋门和应门。文王之后，武王统一天下，制定了典章制度，规定了天子门数和诸侯门数，而太王时的皋门和应门自然成为天子之门，因为是太王所建，象征周之兴，故诸侯就不能拥有这两座门了。

皋门和应门在天子王城五门的发展演变中具有的重要地位，是王城门阙制度的根本，是五门正统象征的依据。

五、五门与三朝的关系

（一）三朝原为庭院

朝是五门之间隔出的庭院，不是宫殿，起源于先民广场举行的集会和议政活动。郑玄根据《周礼》所记，称：“周天子诸侯皆有三朝，外朝一，内朝二。内朝之在路门内者或谓之燕朝。”唐代贾公彦进一步解释称：“天子诸侯皆有三朝，外朝一，内朝二者。天子外朝一者，即朝士所掌者是也。内朝二者，司士所掌正朝，大仆所掌路寝朝，是二也。”天子诸侯皆设三朝，外朝一，内朝二，内朝又分为二，路门外称为治朝即正朝，路门内称为燕朝即寝朝。宋代邢昺进一步地作了解释，称：“郑玄注周礼秋官朝士职，王五门：皋、库、雉、应、路也。又曰天子诸侯皆有三朝：外朝一，内朝二。其天子外朝一者，在皋门之内库门之外，大询众庶之朝也，朝士掌之。内朝二者，正朝在路门外，司士掌之；燕朝在路门内，太仆掌之。诸侯之外朝一者，在皋门内应门外；内朝二者，亦在路寝门之外内，以正朝在应门内，故谓应门为朝门也。”[①] 邢昺说诸侯外朝一者在皋门内应门外，是不对的，因为诸侯无皋门和应门，应为库门内雉门外。据上，天子五门与三朝的关系是：外朝在皋门与库门之间，小司寇掌之，询国危、询国迁、询立君和断狱之事。治朝在路门外应门内，宰夫、司士掌之，为王日听治之朝，故应门为朝门。燕朝在路门内，太宰、小臣掌之，为王国宗人嘉事之朝。汉儒所确定的五门三朝是西周政治权力空间的反映，《周礼·考工记》“左祖右社，面朝后市”，实际上指的是寝宫在中间，所谓的王宫是不包括议政之朝的，故前为朝后为市，外朝和治朝在寝宫前，燕朝在寝宫内，说明臣民有议政和表达诉求的机会，是原始民主制的体现。郑玄五门三朝之说为后代的宫室建筑提供了法理依据，拓展了都城的纵深空间。

（二）后世对三朝的发展

自从汉武帝推行儒家思想以来，特别是汉儒对儒学原典的解释与守护，在都城空间的划分与处理上，《周礼》无疑是权威的表述与自证的文本，成为政权合法性的手段，故崇儒尊周的风气渐成主流。隋唐统一天下，作为大一统王朝，它不可能

---

① ［汉］郑玄注，［唐］贾公彦疏：《尔雅注疏》卷三五，清文渊阁四库全书本。

去追溯效仿秦朝的都城宫室制度，而只能追溯汉代，而汉代儒士对三代礼制的诠释，必然成为隋唐建都所依据的理论基础。①《隋书》记载："隋有天下，将复古制，议者纷然，皆不能决。恺博考群籍，奏《明堂议表》。"宇文恺，隋朝的工官，负责都城规划与建筑设计实践，"及迁都，上以恺有巧思，诏领营新都副监。高颎虽总大纲，凡所规画，皆出于恺"。其《明堂议表》对历代的核心建筑明堂制度进行了考证，称："臣远寻经传，傍求子史，研究众说，总撰今图。其样以木为之，下为方堂，堂有五室，上为圆规，观有四门。"由此可见，隋代都城的营建，是以古制为依托进行设计营建的。

在这一复古思潮下，隋代依汉儒的考证恢复了五门三朝制度。唐长安是在隋大兴城的基础上营建的，基本格局没有变。②《唐六典》记："宫城在皇城之北。南面三门：中曰承天，东曰长乐，西曰永安（承天门，隋开皇二年作。初曰广阳门，仁寿元年改曰昭阳门，武德元年改曰顺天门，神龙元年改曰承天门）。若元正、冬至大陈设，燕会，赦过宥罪，除旧布新，受万国之朝贡，四夷之宾客，则御承天门以听政（盖古之外朝也）。其北曰太极门，其内曰太极殿，朔、望则坐而视朝焉（盖古之中朝也。隋曰大兴门、大兴殿。炀帝改曰虔福门，贞观八年改曰太极门。武德元年改曰太极殿。有东上、西上二阁门，

① 参见庞骏：《经学诠释与三朝五门制度：以隋唐宫室制度为例》，《扬州大学学报（人文社会科学版）》2013 年第 5 期。

② 参见贾鸿源：《唐长安三朝五门布局考》，《唐史论丛》2017 年第 25 辑。

东、西廊，左延明、右延明二门）。次北曰朱明门，左曰虔化门，右曰肃章门，肃章之西曰晖政门，虔化之东曰武德西门（其内有武德殿、延恩殿）。又北曰两仪门，其内曰两仪殿，常日听朝而视事焉（盖古之内朝也）。”[①] 唐长安城的五门三朝与郑玄等人所注的五门三朝形制相比已发生了变化，朝并不是门与门之间的庭院，而是门座本身或门后的宫殿。外朝为承天门，元旦、冬至、朝会、朝贡等，于此听政。中朝为太极殿，朔、望日于此视朝。燕朝为两仪殿，即寝宫。三朝前的门则为五门中的门。第一门承天门（隋广阳门），第二门嘉德门，第三门太极门（隋大兴门），门内有正殿大兴殿，唐武德元年（618 年）改曰太极殿。加上皇城门朱雀门和京城南门明德门，一共为五门。故《唐六典》记：“明德等门为京城门，朱雀等门为皇城门，承天等门为宫城门，嘉德等门为宫门，太极等门为殿门。”三朝的朝中已有宫殿充当重要的角色了。

大明宫始建于唐太宗贞观八年（634 年），原为太上皇李渊修建的养老之处。唐高宗时举全国之力再兴土木营建大明宫，建成后成为大唐帝国新的政治中心。[②] 大明宫由丹凤门、含元殿、宣政门、宣政殿、紫宸门、紫宸殿组成，丹凤门既是大明宫的南门，也是含元殿的殿门，《太平御览》称“其含元殿，即龙首山之东麓，高敞为京城之最，阶高于平地三十余

① ［唐］李林甫等：《唐六典》卷七，清文渊阁四库全书本。

② 参见何岁利：《唐大明宫“三朝五门”布局的考古学观察》，《考古》2019 年第 5 期。

尺。南去丹凤门四百余步，中无间隔，左右宽平，东西广百步”。含元殿与丹凤门之间，没有任何建筑相隔，是连在一起的，丹凤门与含元殿就构成了外朝空间，丹凤门虽然有大赦天下的功能，但很多重要功能已移入含元殿，大明宫已把三朝锁定为三大殿，即含元殿、宣政殿和紫宸殿。宋代叶梦得《石林燕语》称：“唐以宣政殿为前殿，谓之‘正衙’，即古之内朝也；以紫宸殿为便殿，谓之‘上’，即古之燕朝也。而外别有含元殿。古者，天子有三朝：外朝、内朝、燕朝。……唐含元殿，宜如汉之大会殿，宣政、紫宸乃前后殿，其沿袭有自来矣。方其盛时，宣政盖常朝，日见群臣，遇朔望陵寝荐食，然后御紫宸，旋传宣唤仗入阁，宰相押之，由阁门入，百官随之入，谓之‘唤仗入阁’，犹古之言‘寝’。此御朝之常制也。”三大殿功能突出，含元殿为外朝，宣政殿为治朝，紫宸殿为燕朝，代替了以五门来划分三朝的门阙规制。

宋代都城汴京宫城的规模，《宋史・地理志》载：“宫城周回五里，南三门，中曰乾元（宋初，依梁、晋之旧，名曰明德，太平兴国三年改丹凤，大中祥符八年改正阳，明道二年改宣德，雍熙元年改今名）……乾元门内正南门曰大庆……正南门内正殿曰大庆，东西门曰左、右太和（宋初曰日华、月华，大中祥符八年改今名），正衙殿曰文德（宋初曰文明，雍熙元年改今名，熙宁间，改南门曰端礼），两掖门曰东、西上阁，东西门曰左、右嘉福（宋初曰左右勤政，明道元年十月改今名）。大庆殿（旧名崇元，乾德四年重修，改曰乾元，太平兴国九年改朝元，大中祥符八年改天安，明道三年改今名），北有紫宸殿（旧名崇德，明道元年改），视朝之前殿也。西有垂拱殿（旧名长春，明道元年改），常日视朝之所也。”[①] 宫城南门中曰乾元门，又名丹凤门，乾元门内正南为大庆殿门，门内为正殿大庆殿，殿东西门曰左右太和门。正衙殿曰文德殿，门曰文德门（端礼门），两掖门曰东西上阁，东西门曰左右嘉福门。北有紫宸门，门内为紫宸殿，为视朝前殿，殿西为垂拱殿，门曰垂拱门，为常日视朝之所。

据宋太宗淳化二年（991 年）右谏议大夫张洎称：“窃以今之乾元殿，即唐之含元殿也，在周为外朝，在唐为大朝，冬至、元日，立全仗，朝万国，在此殿也。今之文德殿，即唐之宣政殿也，在周为中朝，在汉为前殿，在唐为正衙，凡朔望起居及册拜妃后、皇太子、王公、大臣，对四夷君长，试制策举人，在此殿也。今之崇德殿，即唐之紫宸殿也，在周为内朝，在汉为宣室，在唐为上阁，即双日常朝之殿也。”[②] 乾元殿即唐含元殿，文德殿即唐宣政殿，崇德殿（紫宸殿）即唐紫宸殿，故三朝为乾元殿、文德殿和崇德殿，则乾元殿之乾元门，文德殿之端礼门，紫宸殿（旧名崇德殿）之紫宸门，加上朱雀门和宣德门，则为宋代汴京都城的五门。清代《钦定古今图书集成·城池部汇考》称：“外城皋门在焉，若今南薰门矣。中城雉门在焉，若今朱雀门矣。内城库门在焉，若今宣德门矣。应门，若今大庆殿门。路门，若今垂拱

① [元]脱脱等撰：《宋史》卷八五，中华书局 1977 年版，第 2097—2098 页。

② [宋]李焘撰：《续资治通鉴长编》卷三二，中华书局 1992 年版，第 725—726 页。

殿门。”按《钦定古今图书集成》所记，汴京都城五门为南薰门、朱雀门、宣德门、大庆门、垂拱门。

大明宫的三座大殿，标志着议政空间的内缩，在郑玄的三朝中，君王几乎不到外朝，治朝是君王日常听政的地方，所谓听政也就是作最后的决策。议政的权力是掌握在大臣们的手中的。到了明清时代，五门三朝就分得很清楚了，三朝大殿奉天殿（清太和殿）、华盖殿（清中和殿）和谨身殿（清保和殿），完全集中到了皇宫里。

（三）明清三大殿的陈设与功能

东汉郑玄根据郑司农的五门说，定周代王城为五门三朝，从此成为历代都城建制的圭臬，后来三朝被当作三座大殿代代相传，作为国家举办大典、处理政务、商议国事的重要场所，是礼制等级最高的建筑。

明初大学士金幼孜《皇都大一统赋》曰：“奉天屹乎其前，谨身俨乎其后，惟华盖之在中，竦摩空之伟构。”明代三朝大殿永乐时名奉天殿、华盖殿和谨身殿，皆遵南京宫城朱元璋祖制，殿名不变，到嘉靖时改殿名曰皇极殿、中极殿和建极殿，清代承明三大殿制，改殿名曰太和殿、中和殿和保和殿。

皇极殿（奉天殿），面阔九间，重檐庑殿顶，覆黄色琉璃瓦。明代孙承泽《春明梦余录》载：“奉天殿，洪武鼎建初名也，累朝相沿至嘉靖四十一年改名皇极殿。制九间，中为宝座，座旁列镇器。座前为帘，帘以铜为丝，黄绳系之，帘下为毯，毯尽处设乐。殿两壁列大龙橱八，相传中贮三代鼎彝，橱上皆大理石屏。

每遇正旦、冬至、圣节则御焉。”可知明代时，殿内正中置宝座，座前垂帘，帘是用铜丝制成的；座前铺毯，毯尽头设乐；靠东西墙设八座龙竖柜，中贮三代礼器，柜上立有大理石屏。

殿试在皇极殿外丹墀上举行。

中极殿（华盖殿），渗金圆顶，四面开门，覆黄色琉璃瓦。明代蒋德璟《悫书》载：“原中极旧名华盖，前即皇极，后为建极。崇祯辛巳四月，召对至弘政门，则上已御殿，即鱼贯而入中左门。循殿左垣，高下可四十级，到中极殿。殿左右辟四大门，上宝座周围刻金龙形，金色璀璨，御榻以黄绫衣之。入，分东西班行礼。召对毕，上命赐宴坐。”[①] 可知殿内设龙形宝座一座，髹漆涂金，另置御榻一座，上铺黄绫单。

“设御座于皇极殿阶上，陈诸王表文于阶东”，清顺治帝进入紫禁城没有在皇极殿登基，而是在皇极门举行登基大典，说明李自成撤离时，皇极殿被毁。顺治二年（1645年）进行了重建，重建后更名曰太和殿，面阔九间，重檐庑殿顶，覆黄色琉璃瓦。顺治时人张宸《青琱杂记》载：“太和殿，殿九楹，每楹朱漆柱九，中楹柱绘盘龙。殿顶俱五彩隔尘，金碧灿烂，中一室悬镜如星，中悬一轩辕镜，直御座上。御座朱漆镀金，嵌以绿色。宝座上大椅皆三扆，不设几座。四面俱丹陛三道，道各三累，有围阑。殿上俱黄绒地衣，下衬以棕荐篾席，惟御座一间加以五彩蟠龙地衣。殿两

① ［清］于敏中等编纂：《日下旧闻考》卷三四，北京古籍出版社 1981 年版，第 523 页。

旁近南有二朱扉，东西向，不甚高大。有金滴水。东西柱下各一方旧桌，黄绫四面围，东桌黄绫袱盖一物如方函，西桌金缎袱盖一物如盔，余无所有。”可知殿内陈设与明皇极殿陈设大相径庭，殿中设宝座平台，上正对轩辕镜。御座平台即须弥座髹漆涂金嵌绿，四面辟蹬道，上立栏杆；平台上置大椅三屏背式宝座；座前无帘；殿内满铺黄色地毯，唯明间铺五彩蟠龙地毯；东西柱各设一桌，饰黄绫桌围，东桌上覆盖如方函者应是“皇帝之宝”匣。

张宸所言“中楹柱绘盘龙”者，即明间所立盘龙金柱，一共有六根将御座包围。殿中立六根盘龙金柱，自古有之，《南史·梁本纪中第七》载：“时台内有宿卫士为觇，常见太极殿有六龙各守一柱。”

乾隆时对六根盘龙金柱进行了维修，档案记载乾隆四十年（1775 年）正月十二日，发现太和殿内盘龙金柱边露黑斑，经查属年久地仗内贴金油透漏之故，“太和殿金龙柱六根，内钻金柱四根各高三丈八尺，后二根金柱各高二丈七尺五寸，围圆一丈二寸，錾去旧有地仗，柱木间有些微朽裂之处，饬令监督如原式妥协修补。今拟成做钻生漆一道，漆灰七道，夏布二道，糙漆、垫光漆、沥粉照旧式画江山万代升转云龙，使漆戳扫红黄金罩漆”，乾隆下旨：“今岁五月后着收拾，务必上油时要匀，好好收拾。”[1] 太和殿盘龙金柱六根，沥粉画江山万代升

① 《内务府大臣英廉奏为修太和殿内金柱估需工料银两事折》，《奏销档 335—094》，乾隆四十年七月二十五日庚午，中国第一历史档案馆藏。

太和殿盘龙金柱

转云龙，扫红黄金罩漆，前四根金柱各高三丈八尺，后二根金柱各高二丈七尺五寸，围圆一丈二寸。乾隆时的太和殿是康熙三十四年（1695 年）重建的，说明这六根盘龙金柱是康熙时就有的。但这六根盘龙金柱不是康熙时的创造，它们是按照顺治时的规制重建的。顺治时的太和殿重建于顺治二年（1645 年），其前身是明代的皇极殿，皇极殿的前身是奉天殿，而北京的奉天殿又是按照南京奉天殿建的，说明南京的奉天殿内就有六根盘龙金柱。南京即六朝时的建康，而六朝时的建康太极殿里就有六根盘龙柱了，故六根盘龙金柱可追溯至南朝梁时期。

太和殿，每岁元旦、冬至、万寿三大庆典在此举行。凡大朝会、燕飨、命将出征、临轩策士及百僚除授谢恩皇帝要御临升殿。遇圜丘大祀前一日，皇帝要于殿内视祝版，祈谷常雩大祀亦如之。

康熙三十四年（1695 年）太和殿建成后，其殿内陈设与顺治时没有明显的差别，须弥座上置九龙金漆宝座屏风，只是宝座前增设了宝象、甪端、仙鹤和香亭等，东西两壁增设了紫檀大竖柜。乾隆十八年（1753 年）又于殿内更换了匾对，档案记载：“初六日太监董五经持来，懋勤殿首领郑爱贵、桂元奉旨，传与造办处，今换写太和殿、中和殿、保和殿三处匾对，用磐白绢三匹，俱净长六丈，宽七尺等因启怡亲王准行，遵此回明内务府大臣海望、承恩公德保、乾清门四等侍卫永兴、员外郎达子、西宁、白世秀，准行，记此。于三月二十一日首领郑爱贵交御笔三大殿匾对本文三分，传旨着托

太和殿

纸镶蓝绫边。钦此。”[1] 正中所悬乾隆御题匾为“建极绥猷”，联曰：“帝命式于九围，兹惟艰哉，奈何弗敬；天心佑夫一德，永言保之，遹求厥宁。”

乾隆五十四年（1789 年）前，殿试在太和殿丹墀上举行。

中和殿，四角攒尖，覆黄色琉璃瓦。面阔、进深各为三间，四面出廊，四面开门，取“天子向明而治”之意。殿内置地平宝座屏风，档案记载：“（乾隆七年）七月初五日传现做黑漆大马栅宝座改做红漆的，赶七月内要得，俟得时在中和

中和殿

① 中国第一历史档案馆、香港中文大学文物馆合编：《清宫内务府造办处档案总汇》第 19 册，人民出版社 2005 年版，第 716 页。

殿安设，将中和殿宝座换下，另行请旨。钦此。于本年九月二十五日将做得红漆大马栅宝座一份安在中和殿讫。”可知殿内陈设的是一座红漆大马栅宝座。凡遇三大节，皇帝要先于中和殿升座休息，接受内阁大臣、礼部、都察院、翰林院、詹事府、各堂官及侍卫执事人员等行礼，然后才出御太和殿。殿内正中悬乾隆御题匾曰“允执厥中”，联曰：“时乘六龙以御天，所其无逸；用敷五福而锡极，彰厥有常。”

保和殿，面阔九间，重檐歇山顶，覆黄色琉璃瓦。正中

保和殿

设地平金漆宝座屏风。东西两梢间为暖阁。明代大典前皇帝常在此更衣，册立皇后、太子时，皇帝在此殿受贺。清代每年除夕、正月十五，皇帝于此赐宴外藩、王公及一二品大臣。每年终，宗人府、吏部在保和殿填写宗室、满、蒙、汉军以及各省汉职外藩世职黄册。清代殿试自乾隆五十四年（1789 年）始改在此举行，每科朝考新进士，由翰林院带领进入殿内，分左右列试。殿内正中悬乾隆御题匾曰“皇建有极”，联曰：“祖训昭垂，我后嗣子孙尚克钦承有永；天心降鉴，惟万方臣庶当思容保无疆。”

三大殿是国家最高的礼仪场所，重大的国事活动均在此举行，是国家政治形象的象征。

六、五门礼制功能与顺天应民

郑玄所言之五门，具有议政和民众表达诉求的功能，非后世五门所能比拟，体现如下。

（一）五门的议政空间

第一，五门包含三朝，规模宏大。皋门与库门之间为外朝，外朝是断狱讼和询国危、询国迁、询立君的地方。应门内是治朝，是大臣上班议政、君王日视朝的地方。路门内为燕朝，是王国宗人嘉事之朝。朝为庭院，是民众表达意见和大臣集中处理政务之所，由原始民主制众议广场演变而来。五门具有分割朝的功能，是重要的政治活动场所，是连接民众、臣工的纽带。

第二，外朝是征求民众意见的地方，《周礼·秋官·司寇》记："小司寇之职：掌外朝之政，以致万民而询焉，一曰询国危，二曰询国迁，三曰询立君。"郑玄注曰："外朝，朝在雉门之外者也。国危，谓有兵寇之难；国迁，谓徙都改邑也；立君，谓无冢適选于庶也。郑司农云致万民聚万民也。询，谋也。诗曰'询于刍荛'，书曰'谋及庶人'。"刍荛，割草打柴的人，指庶民。如遇国危、国迁、立君，都要在外朝征求民众的意见，说明外朝是对民众开放的，民众有参与议政的权利。

第三，皋门和应门有着特殊的含义，是天命的象征。故皋门是王城的大门，应门是宫城的正门。郑玄注曰"正门谓之应门，谓朝门也"。《尔雅》亦云："正门谓之应门。"《毛诗注疏》亦曰："王之正门曰应门。"

第四，五门纵深罗列，体量高大。都城中轴线上从南至北矗立着皋门、库门、雉门、应门、路门五座大门，皋门有伉，应门将将，气象恢宏。《周礼·冬官·匠人》载："路门不容乘车之五个，应门二彻三个。"汉代郑玄注曰："乘车广六尺六寸，五个三丈三尺。言不容者，是两门乃容之，两门乃容之则此门半之，丈六尺五寸。"[1] 路门的宽度只能通过两辆车再加半

① ［汉］郑玄注，［唐］贾公彦疏：《周礼注疏》卷四一，清文渊阁四库全书本。

辆车，故路门宽一丈六尺五寸。二彻，车轮之间的距离即轨，宽八尺，二彻之内八尺三个，故应门宽二丈四尺。

第五，两座双观门阙。诸侯的雉门有两观，《春秋左传·定公二年》载："二年春王正月。夏五月壬辰，雉门及两观灾。秋，楚人伐吴。冬十月，新作雉门及两观。"杜预注云："雉门，公宫之南门。两观，阙也。"[①]《周礼·天官·大宰》载："正月之吉，始和布治于邦国都鄙，乃悬治象之法于象魏，使万民观治象，挟日而敛之。"郑玄注引郑司农曰："象魏，阙也。"说明周天子都城也有一座双观门阙，是哪座呢？《礼记·明堂位第十四》载："（鲁）太庙，天子明堂；库门，天子皋门；雉门，天子应门。"郑玄据此认为，天子应门跟诸侯的雉门形制相同，有双观，如今之宫门。按郑玄之说，则周天子都城建有两座双观门阙，即雉门和应门，如果郑玄此说成立，可谓达到了都城礼制的巅峰。

第六，应门内设树。《礼记·曲礼下第二》载："天子当宁而立，诸公东面，诸侯西面，曰'朝'。"宁，指屏风，又谓之树。李巡称："正门内两孰间曰宁。"

（二）五门与民众诉求

除五门是大臣与君主之间商议、决策国家政事的场所之外，民众亦可进入皋门和双观门阙前，表达自己的情感，或进行维权。

---

① ［晋］杜预注，［唐］孔颖达疏：《春秋左传注疏》卷五四，清文渊阁四库全书本。

1. 民众欢迎凯旋将士的场所

皋门是五门最高大的门座，皋门有伉，高大宏伟，具有强烈的震慑力，故而周代献俘礼是在此门内举行的，《逸周书·世俘解第四十》载，武王在郊外祭天完毕之后，武王就从南门献俘："武王乃夹于南门用俘，皆施佩衣衣先馘入。"俘虏皆穿着特制的号衣排队入城，其次才是将士拿着敌人被割下的耳朵入城。盂鼎亦有献俘礼的记载，盂用若干面旗悬挂斩获的鬼方人的首级，背负而入南门。盂向王汇报军功即战果，斩获人、车、马、牛、羊的数目，王对此说了夸奖之类的话。盂行跪拜礼后，将三酋押进了大廷。王令荣审讯之，并将三酋斩首。皋门内是外朝，是"司寇断狱弊讼之朝"，外朝又称大廷，只有外朝才具有审判功能，百姓可以到此观看，欢迎凯旋的将士，庆祝天下太平。

2. 民众申诉冤屈的场所

《周礼·大司寇》载："以嘉石平罢民，凡万民之有罪过而未丽于法，而害于州里者，桎梏而坐诸嘉石，役诸司空……以肺石达穷民，凡远近茕独老幼之欲有复于上而其长弗达者，立于肺石三日，士听其辞，以告于上而罪其长。"唐人贾公彦疏曰："嘉石，文石也者。以其言嘉，嘉善也。有文乃称嘉，故知文石也，欲使罢民，思其文理以改悔。"在外朝门立有嘉石和肺石两块石头，立嘉石的目的是教育那些有罪过但没有触犯刑法的人，给他们戴上手铐脚镣，令他们跪在嘉石上示众，然后交给司空罚作劳役。立肺石的目的是帮助那些孤苦无依的人，只要他们站在肺石上三天，朝士就要听取他们的告词，向六卿汇报，并处罚那些不肯转达的地方官员。

3. 民众解决纠纷的场所

周王宫的第三门，曶鼎铭文记录了曶与限之间的讼事，经协商，双方在王宫第三门另签契约，还写在木牌上公示，由原来议定的匹马束丝，改为出资青铜百锊赎回这五个人。执法大臣井叔据此作了裁断，称在王廷订有契约，就不能违背，让限交出这五个人。第三门有木榜，木榜即两观所悬之布告牌。按郑玄五门说，雉门和应门都有双阙，百姓皆可至此申诉，寻求解决。

对北京城即紫禁城五门的上述溯源，目的是梳理都城最重要的构成元素，从五门角度来审视都城的发展史。五门之说是由郑玄提出来的，后世对五门说确信无疑，几乎历朝历代都建有五门，成为都城的标志性建筑，它深深地影响了古代中国的都城制度，可以毫不夸张地说，五门是古代中国城市的最高礼制，也是都城“非壮丽无以重威”的重要体现。

都城五门中的皋门和应门是古公亶父迁岐时所建，象征周王朝的兴起，是天命的象征，周统一天下后，制定都城门阙制度时，规定此二门诸侯不得拥有，强调了它的特殊性和正统性。当国家遇到重大事件时，如邦国有兵寇入侵，迁都改邑，天子无嫡子，需选庶子即位的事，都要在外朝向民众征询意见。民众亦可到双观门阙，悬挂诉讼木牌或签署契约，亦可跪于肺石上申冤。西周的朝具有原始民主议政的特点。

后世虽有五门之名，但已无五门之实，五门的功能逐渐演变为王城礼制的象征。

恒久咸味

第五章 抡才大典与太和殿殿试

科举考试，是古代中国的发明，它标志着治理国家的行政官员，必须有学识与修养，这对于一个民族的文化发展至关重要。古代中国重视教化，关键是以哪一种学说作为教化的内容，历史选择了儒家，儒家担负起了这个历史重任。一个把“仁”当作最高的道德伦理，主张爱民如子、实施仁政的学说，无疑是最佳的选择。至少生活在这个社会里的人，一定具有温、良、恭、俭、让的品德。当把最高议政大殿作为考试场所时，一个重文德、充满诗情画意的社会就诞生了。

读书人在社会中是最受尊敬的人，孔子曰：“君子之仕也，行其义也。”君子出来做官，是要践行自己所坚守的道义。所以他们是高尚品德的代表者，也是传播知识、教化天下的倡导者。因此国家对考试极为重视，不惜动用国家力量来推动之。清代太和殿作为考试场所，其背后的底层逻辑就在于此。

当考试不仅被作为一种制度，而且被上升到了礼的高度时，也就实现了《尚书》“诞敷文德”的目的。

一、一座通往三大殿的玉阶金阙

明代紫禁城三大殿奉天（皇极）殿、华盖（中极）殿和谨身（建极）殿前建有奉天门（皇极门）、午门、端门、承天门、大明门、正阳门。在这些高大的门中，唯奉天门建有三道台阶，每道台阶共有九级，用汉白玉砌就，中阶铺云龙纹石雕，阶两侧立汉白玉栏杆，柱头雕龙凤。奉天门开间九间，为最高等级的门座。

太和门正立面彩色图（明奉天门）

为何奉天门要配置台阶呢？

一种解释是可能因为“奉天”二字，以示对上天的尊敬。另一种解释是可能因为门内为奉天殿，奉天殿是大朝正殿，故有台阶升高以示尊敬。笔者认为奉天门台阶与殿试有关系。

第一，帝王宫阙大门有台阶，是进入朝廷的分界线，故又称玉阶。汉武帝《落叶哀蝉曲》曰：“罗袂兮无声，玉墀兮尘生。”南朝宋颜延之《宋文皇帝元皇后哀策文》曰：“洒零玉墀，雨泗丹掖。”唐代王维《扶南曲歌词》曰：“拂曙朝前殿，玉墀多佩声。”明代文徵明《丁巳元日》诗云：“万炬列星仙杖外，千官鸣佩玉阶前。”从诗中的描绘看，玉阶指的是帝王宫阙前的台阶，王维诗中的玉阶上响起了宫女身上佩戴的玉器走动时发出的悦耳的声音，文徵明诗中的玉阶上响起的则是千官身上佩戴的玉器发出的声音。《三国志·魏书·陈思王曹植传》载：“常愿得一奉朝觐，排金门，蹈玉陛。”[1]陈审举希望有朝一日登上玉阶，朝觐天子。登上玉阶，才算真正地进入了朝廷。玉阶既是真实的存在，又是踏入政务决策场所的象征。

第二，帝王宫阙的大门称金阙。金阙，指天帝、神仙居住的宫殿门阙。汉代《神异经·西北荒经》曰：“西北荒中有两金阙，高百丈。”唐代杨炯《盂兰盆赋》曰：“晃兮瑶台之帝室，赩兮金阙之仙家。”这里金阙皆指神仙的门座，后来也代指人间帝王的宫门。北齐颜之推《观我生赋》曰：“指金阙以长铩，向王路而蹶张。”唐代王涯《望禁门松雪》曰：“金阙晴光照，琼枝瑞色封。”宋代辛弃疾《贺新郎·别茂嘉十二弟》曰：

① ［晋］陈寿撰，［宋］裴松之注：《三国志》卷一九，中华书局 2020 年版，第 573 页。

“马上琵琶关塞黑，更长门、翠辇辞金阙。”金阙不仅是皇宫的象征，更是朝廷的象征，它是国家政事决策的地方。

玉阶和金阙组合在一起，称为“玉阶金阙”，那么，紫禁城里是否有玉阶金阙呢？

清乾隆时太和门（明奉天门）的对联曰：“鸩观翔云，九译同文朝玉陛；凤楼焕彩，八方从律度瑶阊。”又联曰：“日丽丹山，云绕旌旗辉凤羽；祥开紫禁，人从阊阖觐龙光。”阊阖，指紫微垣的南天门。屈原《离骚》：“吾令帝阍开关兮，倚阊阖而望予。”瑶阊，是天门阊阖门的美称。显然太和门被当成了天上的金阙。晨曦照耀紫禁城，白云萦绕旌旗，凤羽在阳光

太和门（明奉天门）

下熠熠生辉，文武百官、九泽八方都要经过这座宫门，才能进入太和殿（明奉天殿）广场，参加在太和殿举行的盛大典礼或者参与政事决策，这两副对联把太和门当作了玉阶金阙，确如所形容和赞美的那样，因为登上太和门，便可以进入太和殿广场，太和殿是大朝正殿，重大的典礼和国家政事都是在这里举行和决策的，它是国家礼制的最高场所。

玉阶金阙，既是百官步入朝廷的台阶大门，也是学子向往的地方。明正德、嘉靖时人徐咸在《西园杂记》中记载了他进京赴考最终获得功名的神奇过程："正德庚子冬，会试北上，予与潘惟远、钟彦材同舟，至白洋河，见流贼沿途劫杀，心甚忧悚，曰：'功名有分，脱犯不测，奈何？'欲返者屡。二友曰：'行已至此，盖祷以决？'至济宁，夜，予三人即船头焚香，告天乞梦。是夜，予梦至一境，山明水秀，云是凤阳。见一宫殿，朱门半掩，人曰：'此鬼乐殿也。'三人即入。观玉阶金阙，极为宏丽。登殿，见一塑像，高丈许，冠皮弁，服葱白袍，西向坐。予曰：'此高皇帝像也。'即偕二友四拜叩头。一友起退，予曰：'臣当八拜。'复四拜讫，像掀髯降座，掖予起，殿上八音并作，耳所未尝闻者。既觉，问二友，皆云无梦。予以梦告之，二友曰：'子决中矣。'即行无疑。至京，入试，终场策首问高皇帝龙飞凤阳事。及传胪，前后八拜，殿上奏中和乐，宛若梦中所闻。精诚感通，信乎有神也。"[①] 徐咸北

---

① [明]徐咸：《西园杂记》（下），商务印书馆1937年版，第188—189页。

上去京师准备参加会试欲获取功名，但行经路中，见强盗抢劫，深感恐惧，欲回家，经两位同行的学子劝说，以焚香告天乞梦的方式来决定取舍。于是三人船头焚香，告天乞梦。徐咸在梦中登玉阶金阙，见到高皇帝朱元璋，于是将梦境告知二友，二友曰："子决中矣。"于是决定继续北上获取功名。入京参加会试，会试策问首问即为高皇帝凤阳兴起事，徐咸对此策问了如指掌，会试通过后参加殿试，获得了进士功名。传胪时，徐咸称自己前后八拜，仿佛梦中八拜，殿上所奏中和韶乐，宛若梦中所闻。

学子们经过千辛万苦的寒窗苦读和披荆斩棘的各级考试之后，才能登上这个台阶，一旦登上，才算实现了人生抱负，可以施展才能、报效国家了。所谓"朝为田舍郎，暮登天子堂"，指的就是学子通过考试，一朝改变命运，荣登天子堂，参与国家治理，这是古代无数学子的梦想。

二、徐显卿的官宦人生

徐显卿，明代隆庆二年（1568 年）进士，他就是这样一位通过考试而登玉阶金阙获得功名的学子。故宫博物院藏有一册《徐显卿宦迹图》（以下简称《宦迹图》），共二十六开，绢本设色，每开纵 62 厘米，横 58.5 厘米。是万历十六年（1588

年）时，他请余士、吴钺画的，描绘了他本人的宦迹人生。[1]看画知人，他是怎样从一位普通学子，一步步经过考试而进入中央机构翰林院，最终成为帝王的讲官的呢？下面择其与科举有关的图画说明之。

显卿十二岁丧母，十八岁考上童生，《宦迹图》之第二开“神占启户”题记曰：“十八岁考童生，往江东庙求签。二月十四日，半夜持灯往，殿门未开，灯欲尽，家兄显贤同在，家童二人先后翘首跂望殿内，大叫：‘道人急急开门。’卒无应声。久之，欲以献神二烛继残烛之光，以待开门。不肖以原为神明设烛，不宜先点，而家兄与童辈云：‘若不点此烛，残烛已尽，门虽开，无火点烛，如何问签？’不肖亦跂足望殿内，殿门四扇齐开。不肖谓是道人方便，连口谢之。既入殿，点新烛，殿内大明，绝无一人，心颇疑之。须臾，道人从外来，云：‘殿旁有小门，是我朝开夕闭者。殿门须我先从旁门入，然后可开。今旁门尚锁，殿门何自辄开？’怒形于色，谓我辈抉坏其门而入也。异哉！”诗曰：“秦代石将军，千秋江东祠。神理良不爽，昭示若蓍龟。仰天显辰烂，往叩决所疑。门户方扃钥，飒尔生微飔。四扉忽洞启，恍惚不可知。守者从外入，憎我轻薄儿。犯门吾岂敢，庙貌有如斯。致谢难自明，鬼神诚有之。”

童生是指未考上秀才（生员）资格之前的习举业的读书人

---

① 参见杨丽丽：《一位明代翰林官员的工作履历——〈徐显卿宦迹图〉图像简析》，《故宫博物院院刊》2005年第4期；朱鸿：《〈徐显卿宦迹图〉研究》，《故宫博物院院刊》2011年第2期。

的称谓。显卿十八岁考童生时，夜半时分与兄显贤及二童仆往庙中求签，但庙门紧闭，就在显卿跂足望殿内时，殿门齐开，童试顺利通过。二十五岁时父亲突然暴病离世，因丧事在身，显卿暂停赴南京参加乡试，地方长官王知府和徐同知对显卿寄予厚望，亲自到显卿家中跪祭，并撰文致哀。庠友即显卿的同学跪在两位长官前恭读王知府的祭文。故显卿称父亲不过一布衣，得如此厚爱，深感惊异。

《宦迹图》之第四开"鹿鸣彻歌"题记曰："隆庆丁卯，应天当乡试。自五月初旬，同窗友黄理川、盛毅庵先抵南京寓翔鸾庙。道士先于元旦梦楼右小厢房停一大棺，浑身涂金。余即寓此室。及场屋事竣还里，捷报果至。今仕京朝，一如道士梦云。九月，复往南都，不及与鹿鸣宴，故云彻歌。"诗曰："岁行在单阏，策马临长干。宴息僦斗室，神祠号翔鸾。道士本无心，梦绕黄金棺。出处信前定，达者当自安。盛宴歌鹿鸣，不与非所叹。斯梦以有征，徘徊媿弹冠。"

鹿鸣宴，指官府为新科举人举办的一种宴会，歌《诗经》之《鹿鸣》篇，故名。显卿三十一岁，到南京参加乡试，住在翔鸾庙右小厢，应验了道士所梦，一试中举，再试中进士。因道士此梦，开启了徐显卿的做官之路。然而，显卿实为假此神迹为自己装点门面，却有违圣人之教即"子不语怪力乱神"。

《宦迹图》之第五开"琼林登第"题记曰："隆庆二年，余始上春官，以长洲县学自来联中者少，绝无妄念。寓惠河寺，老僧号了庵，为余言元日师徒同发一梦，奇甚。余固询之，不言，约待揭晓乃言。梦云佛殿后小佛堂东西各一间，是其师徒卧处，忽变为池，跃一鲤鱼，其徒获之。须臾，天黑，雷电交作，池水泛溢，波涛汹涌，一大鱼从中直飞上天，遂惊醒。既旦，师徒各述其梦，愕然谓奈何两人之兆一也。是年，余寓西一间，东则山东张清滨寓，为同榜进士。寺中两廊寓居者共十六人，皆下第。”诗曰：“方丈黄金地，水溢成池塘。风雷忽震荡，九天赤电光。雨急波涛奔，汹涌接混茫。中有大鲤鱼，上飞冲苍苍。两僧同一梦，东西各禅房。时余赴公车，解后山东张。禅栖各一室，各各应其祥。”

宋代殿试结束后，皇帝于琼林苑赐宴庆贺新科进士，故琼林代指殿试。隆庆二年（1568 年），三十二岁的徐显卿考取进士，自称这是应了惠河寺师徒所梦鲤鱼跃龙门一飞冲天的吉兆。朱鸿老师考证，画中描绘的不是惠河寺，而是他进士及第后赴琼林宴的情景。看来显卿是一位乐于为自己的人生装神弄鬼的学子。在明代，这可能是学子的普遍心态，徐咸《西园

琼林登第

杂记》亦记自己赴京赶考，梦见自己登玉阶金阙，拜见太祖高皇帝。又记正德辛未，会试初场出来后，夜即梦见李西涯、刘野亭二阁老携酒果过舍下，称贺。先父迎接，入座，西涯取出一扇授予，予诵“袁宏答谢安之言”，谢安说：“当奉扬仁风，慰彼黎庶。”是岁，野亭担任会试主考，西涯廷试读卷，予为二公所取。

《宦迹图》之第六开“中秘读书”题记曰：“隆庆二年，不肖成进士，叨馆选第一，时内阁华亭徐存斋先生。既拟卷进呈，穆宗视阅不肖卷，批云：是卷堪作第一。馆师则大洲赵公、棠川殷公，馆长则同邑韩敬堂。以诚心直道相与，三十人如一气连枝，绝无间言。士林称馆选得人，以戊辰为最云。”诗曰：“庄皇首策士，中秘罗群英。御笔涉芜词，遂忝第一人。岧岧仙人掌，荡荡金马门。列宿应文强，周旋若一身。西京薄上古，奇义相讨论。大雅或可作，避世非其伦。”

金马门，汉代宫门，学士待诏处。隆庆二年（1568 年），显卿年三十二岁被选为庶吉士，成为朝廷培养的重点人才，三年学习期满，文章被皇帝评为第一，即授予翰林院编修。图中显卿在中秘读书，中秘，据朱鸿老师《〈徐显卿宦迹图〉研究》一文，认为是在文渊阁。[①] 文渊阁在文华殿对面。

《宦迹图》之第七开“承明应制”题记曰：“自隆庆庚午授编修，即充纂修穆宗实录官。穆宗年浅事少，先完进呈。复纂修世庙实录，既竣，即题编纂起居馆章奏。无何，又管理文官诰敕。诚不自意庸劣不斐而得滥竽著作之庭，凡应制文字，无

---

① 朱鸿：《〈徐显卿宦迹图〉研究》，《故宫博物院院刊》2011 年第 2 期。

一不与闻。”诗曰：“鸣佩入紫霄，含香侍金銮。天文郁以兴，具瞻崔嵬观。燕许擅制作，畴其笔如椽。大醉谒至尊，千古称青莲。俛仰媿滥竽，嘉藻胡由宣。秉直誓不渝，胜德无颂篇。”

隆庆四年（1570年），显卿授翰林院编修，并被委以重任，参与纂修穆宗、世宗实录，实录完成后，又安排编纂起居馆章奏，管理文官诰敕。在编纂实录这样重要的工作中，显卿坚守史馆的职责，不歌功颂德。这一年显卿三十四岁。

《宦迹图》之第八开“皇极侍班”题记曰：“自隆庆庚午至万历丁丑，余以编修、修撰、侍读，凡遇升殿，轮侍东班，盖天颜咫尺云。”诗曰：“致身值昌期，皇建其有极。十载殿东班，天威严咫尺。龙衮丽初阳，光耀被万国。侍臣竟何补，秉志惟五绒。”

自隆庆四年（1570年）至万历五年（1577年），显卿以翰林院编修、修撰、侍读的身份于皇极殿里侍班，具体位置在殿

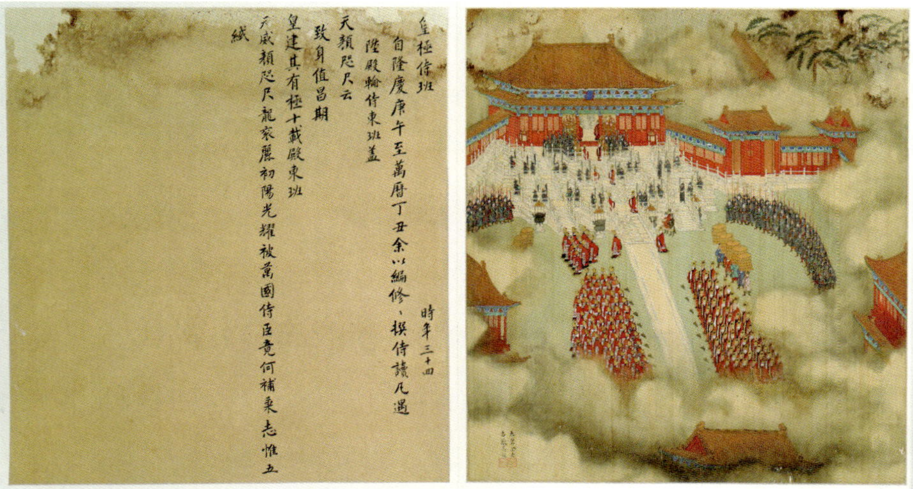

皇极侍班

内柱下东导驾官后。翰林院有四人侍班，显卿便是其中之一。五緎，出自《诗经·召南·羔羊》“羔羊之革，素丝五緎”。侍臣对国家有何补益呢？侍臣是国家形象的一种象征，所穿的衣服，做工又细又美，比喻在位者有纯正之德或节俭正直。

《宦迹图》之第十开“司礼授书”题记曰：“隆庆壬申万历癸酉甲戌丙子，余教席内书堂，时初选中官以千计，读书者过半，合旧选者共八九百人，余与成监吾、王忠铭、王对南、陈玉垒共五人轮入授书。始被命，又定到任之日，八九百人分布迎接。内书堂在后宰门，齐出而南至承运库公署，又南进东华门，至会极门，又南出左腋门，至六科廊，又南出承天门，至西长安门，络绎拱候。有前导者，有后随者，有从旁邀入詹事朝房少憩设饭者。从此，廿年绝不见如此，何也？”诗曰：“惟帝有奔走，使令给起居。内事资赞导，不妨习诗书。太史视其成，深入承明庐。珰貂不敢仰，千辈肃肃趋。”

自从宣德四年（1429 年）为太监设立内书堂后，太监教育制度化，授课老师均为翰林院学士。为何显卿专画此“司礼授书”，而且详细地记录了太监迎接老师的场面和路线呢？原因就在于皇帝处理政务要依赖于他们。翰林院老师以为通过教育，太监们也能变成治理国家的贤助。所以显卿觉得给他们上课是一种荣耀。他给太监上课，时间大约有三年。

《宦迹图》之第十一开“棘院秉衡”题记曰：“万历甲戌入礼闱分校《易》一房，主考则豫所吕公、东岑王座师。癸未以侍读分校《易》二房，主考则同麓余座师海岳许公。是秋九月，同王对南主武闱试。所得士歇历中外者，文武共数十人，虽升沉各殊，顾无一人以贪墨苛暴削籍者，良自庆也。”诗曰：“龌龊掌故言，究竟无雅作。亦复具体要，聊示黜浮薄。一再忝文衡，玄夜勤祓濯。鱼目不得混，明珠时在握。阅武亦校文，傥其娴韬略。荐贤故臣职，上赏非所愽。文武各历敭，中外殊不恶。虽鲜赫赫称，颇亦著端悫。”

棘院，因用棘树围护试院以防止作弊，故名。显卿一生当过两次监考官和一次主考官，万历二年（1574年）担任礼闱分校《易》一房的监考官，万历十一年（1583年）担任《易》二房的监考官，这两次都是文科会试考试。十一年秋九月，四十七岁的显卿担任会试武举的主考官，他身着红色官服端坐在聚奎堂中。显卿通过自己的努力和恪尽职守，肩负起为国家选拔人才的重担。

《宦迹图》之第十二开“金台捧敕”题记曰：“万历丁丑戊寅至己卯之春，不肖载笔纶闱，得与斯役。凡百官捧敕行事者，例于面辞之日躬领承旨金台之上，自重阶而下从东转，上单墀中道，直趋而下授领敕官，旋一躬而退入班。”诗曰：“承旨金台端，纶綍生五色。委蛇历重阶，佩声自成律。从东上赤墀，中道趋授敕。一揖归其班，余敬犹自抑。谬当载笔暇，敬循执圭则。”

皇极门是明代皇帝御门听政之所，又称金台。从万历五年（1577年）至七年（1579年）春，显卿一直担任金台的捧敕官。他的职责是在金台上领了皇帝的敕命诏书后从玉阶中道直趋而下，把诏书授予领敕官。他有代表皇帝颁布命令的特殊身份，具有无上殊荣，这一年他四十一岁。

《宦迹图》之第十三开“楚藩持节”题记曰：“万历己卯春三月，病甚，图请假。时册封届期，领荆王金册往蕲州、通山王金册往武昌。自四月廿五日发舟，至六月初二日渡江，寓丹徒。初九日复渡江而北，从陆行，至廿二日抵蕲州。事竣，七月初三日抵武昌，初九日从江顺流而下，屡阻风，次池州，复登陆，驰归丹徒，七月廿二日也。稍憩，至八月初三日发舟，初六日二更抵宜兴，住吴安节祖居。正使则永康侯徐高松云。”诗曰：“朝游赤壁矶，明月犹在睹。暮登黄鹤楼，白云无停吐。熠熠使臣星，奕奕王者宇。鸣玉醴酒筵，弭节芳兰渚。一气混七泽，不辨子虚语。嵾上当青天，苍翠彻终古。俛仰大厥观，从此轻珪珇。”

显卿四十三岁时，以翰林院官员的身份担任赴荆州和武昌册封荆王和通山王的副使，奉命持节出京。图中显卿身穿红色官服，走在仪仗队的后面，前面两座龙亭里置册封的金册。一行队伍正从午门东门出，浩浩荡荡前往湖北。

《宦迹图》之第十七开“经筵进讲”题记曰：“自上登极，初开经筵，余充展书官，至是十年所矣。展书在御案之上，密迩天颜，又跪而开展，及起打躬，不敢背上行，必面向天颜，退行数武而后入班，欲从容周折中礼，难甚。讲案去御案丈余稍远，发明书义，专于启发宸聪，讲未至半，自觉词气弘亮，讲毕行礼若不经心，较展书时局蹐天渊矣。”诗曰：“圣经若日星，掩翳等云浮。昧者遗至精，白首空校雠。词臣抱区区，期副宵衣求。微言究国风，法语析春秋。覃精唐虞际，兢业呈优游。”

经筵，指帝王为大臣们讲论经史而特设的御前讲席，是讲给帝王听的。题记中称自己充当展书官十年，每次展书需跪于御案前，展毕退出时要弯腰向后退着走，不能背着皇上走，退行数步后准确入列，称要做到从容中礼太难了。第十七开画的是显卿讲经时的场景，讲桌离御案有一丈余，作为讲官，可站立，自己翻页，他称自己讲经注重发明经义，启发圣聪，讲至一半时，自觉声音洪亮。讲毕行礼自然，与展书时的紧张，有天壤之别。

《宦迹图》之第十八开“储寀绾章”题记曰：“万历甲申二月初二日，内阁以坊局缺掌印官，同年六人充补，不肖居首，以侍读升左春坊左谕德，掌管本坊印信。韩敬堂（世能）、张玉阳（一桂）、李棠轩（长春），俱以侍讲升右春坊右谕德。张洪阳（位）以司业、陈玉垒（于陛）以修撰俱升洗马。”诗曰：“金马切铜龙，词曹备储寀。圣代日重光，繄有长子在。谕导我元良，一成不可改。所以三代时，蚤建康盛载。”

储寀，指太子属官，绾章指印章。万历十二年（1584 年），无疑是显卿人生道路上的一次跃升，这一年，他以翰林侍读升左春坊左谕德，掌管本坊印信。詹事府是翰林院学士辅导太子的机构，设有左右春坊，左谕德为从五品，且显卿位列六人之首，并掌印信。第十八开画面中描绘显卿端坐在左春坊正堂之上，目视着属下用印的情景，颇有几分得意。

《宦迹图》之第十九开“国师正席”题记曰：“万历甲申十一月十五日吏部推不肖补国子监祭酒，十七日命下，十二月初二日到任。时工部修葺廨宇，未及门外照墙，每出入学门，辄见民居相对，男女杂沓，交易喧哗，殊不雅观。以语督工主事白其长，得添工直五百金，建砌屏墙。自是，往来者皆从墙外行，国学门前不复见有车尘马迹，盖肃然改观焉。墙未成，堪舆家云：气象魏焕，必出状元。唐生文献时肄业其中，盖乙酉六七月间也。”诗曰：“既称太学师，高座独正色。宫墙万仞外，饬工崇树塞。气象参星辰，辟除车马迹。青槐夹桥门，冠带绕经席。焕然非旧观，四顾何赫奕。”

显卿四十八岁时担任国子监祭酒，号称国师。显卿到任，做的第一件事是于门外修建了屏墙。据杨丽丽考证，第十九开画面是按照“国子监监规”即国子监的师生每日早晚要在彝伦堂行礼而创作的。[①] 坐在彝伦堂正位的显卿，身着红色官袍，在众师生面前，确有国师气派。

《宦迹图》之第二十开“寿宫扈跸”题记曰：“皇上有事寿宫，甲申九月以左春坊左谕德，乙酉九月以国学祭酒随驾，驾回次功德寺。不肖宿武生张应申别业，在山嘴吕公洞。夜分，听隔岸如中官语声云：吕公洞僧人急收拾打扫，万岁爷天明即至矣。予惊起，令家童束装，吏皂持灯，即上马，从间道入西直门而归。闻是夜同借宿者，余行后中官拥塞，其处行李俱不得出，亦一幸也。”诗曰：“九陵各万仞，紫气摩空来。经始大峪宫，西山倍崔嵬。高秋气象肃，圣主亲巡来。六龙御天飞，万骑鸣风雷。莽苍大漠色，松楸郁萦回。谬叨载笔臣，惭非执

① 参见杨丽丽：《一位明代翰林官员的工作履历——〈徐显卿宦迹图〉图像简析》，《故宫博物院院刊》2005年第4期。

戢才。扈从有光辉，寓目何悠哉。”

显卿两次随驾到天寿山陪天子阅视寿宫，一次是万历十二年（1584 年），他以左春坊左谕德身份随驾；一次是万历十三年（1585 年），他以国子监祭酒身份随驾，这次皇帝阅视天寿山寿宫后，没有直接返回京城，而是绕道西山功德寺驻跸。显卿在吕公洞听到这消息后，急令家仆收拾行装，打道回京，避免了一场交通堵塞。

《宦迹图》之第二十一开“岁祷道行”题记曰：“万历乙酉四月十六日，上祷雨，布袍步行至天坛，百官从。不肖时以祭酒导驾前驱云。”诗曰：“岁乙酉孟夏，久旱二麦枯。皇帝若曰吁，兹予一人辜。徒行出九重，南郊致大雩。布袍曳草屝，告虔不惮劬。行行重踟蹰，天颜惨不舒。公卿百执事，斋戒备前驱。万民夹道瞻，上帝鉴令图。祭酒臣稽首，恭述代讴歈。”

天子布袍青衣步行至天坛祈雨，显卿作为国子监祭酒，导驾前驱，风光无限。

《宦迹图》之第二十三开“日直讲读”题记曰：“日直在文华殿后川堂，御座不甚高，书案亦不甚大，惟司礼掌印傍侍，内阁左右，侍讲官次阁臣下稍远，左右各三。不肖乙酉冬十一月以少詹叨与其列，六人中第四，盖沈蛟门以吏部左侍居一，朱金庭以礼部左侍居二，张洪阳以詹事居三，不肖次之。侍读学士于谷山，五侍读学士陈玉垒六也。”诗曰：“讲帷已清秘，日直更深严。肃趋文华后，委蛇圣人前。圣经赖典谟，其妙故不传。自靖摅肝鬲，悃幅不可宣。朝蒙礼数殊，莫沐恩辉偏。”

万历十三年（1585 年），显卿四十九岁，以詹事府“二把

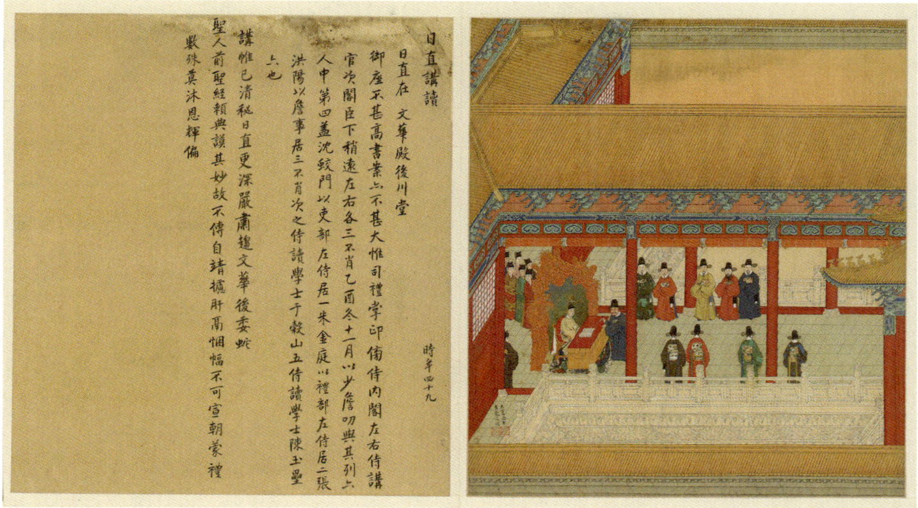

日直讲读

手”少詹事的身份，充当万历皇帝的日讲老师。第二十三开画面中显卿正站立在万历皇帝御案前，侧身一手执棍指所讲段落、一手扶案授课。朱鸿老师考证，画作中的官员立于神宗前左右两侧，前两位应为阁臣，万历十三年内阁有四人，即首辅申时行，次辅有许国、王锡爵、王家屏，立于神宗左侧，正面入画的应是申时行、许国，立于神宗右侧，位置稍后，只画出背面的应是王锡爵与王家屏。阁臣之后，左右各三，立于左者应是沈一贯、朱赓、张位，立于右者应是徐显卿、于慎行、陈于陛，因显卿正在进行日讲，故立于御座前，画作就空出其原应站立的位置。[①]

《宦迹图》之第二十四开“轮注起居”题记曰：“万历丙

① 参见朱鸿：《〈徐显卿宦迹图〉研究》，《故宫博物院院刊》2011 年第 2 期。

子，始设起居馆，在史馆东第一间，皇极门之左，非日讲官不得与记注，其事甚秘密，重之也。不肖自国学迁少詹，入讲帷，始得轮直云。”诗曰：“承恩日已久，谒帝日已亲。秉笔注起居，惟愿圣德新。九重有遐思，四海被泽均。一时不自逸，万世称至仁。”

朱鸿老师考证，丙子年应为乙亥年，即万历三年（1575年），这一年三月以日讲官丁士美等六员轮赴史馆记注起居。可知轮注起居必须是日讲官。直到万历十三年（1585年）十月甲申，显卿由国子监祭酒改任少詹事，充当日讲官，才得以轮注起居。[①]说明显卿的职位越来越重要，责任也更大。第二十四开画面中是显卿正坐于皇极门之左史馆东第一间起居馆中办公的场景。

《宦迹图》之第二十五开“玉堂视篆”题记曰：“万历丙戌六月廿六日，不肖年五十诞辰也。廿四日以正詹兼学士掌院，命下，廿五日谢恩。是日，面恩云。”诗曰：“白玉何峨峨，光辉施堂皇。谬以大璞姿，逢时备圭璋。文昌俨在席，列星粲成行。匪伊毫末故，千秋见文章。”

翰林院位于长安左门玉河西岸，建于明正统七年（1442年），是国家养才储望之所，集中了当时的知识分子中的精英，他们是社会中地位最高的士人群体。万历十四年（1586年），朝廷任命徐显卿为翰林院掌院即最高长官院长，可谓读书人的

① 参见朱鸿：《〈徐显卿宦迹图〉研究》，《故宫博物院院刊》2011年第2期。

领袖，这一年显卿五十岁。翰林院正厅称玉堂，第二十五开画面中显卿端坐椅上，正在看视用印，说明翰林院由他掌管。

《宦迹图》之第二十六开“幽陇沾恩”题记曰：“万历丁亥二月，大明会典成，不肖以副总裁加恩，得赠祖考及先考府君，俱通议大夫、詹事府詹事兼翰林院侍读学士，祖妣及先母俱太淑人。”诗曰：“大明当中天，盛典告成功。推恩逮祖先，高朗贲令终。夜台见明月，白杨生春风。生无百岁期，没有三品崇。何以罄孝思，永言励精忠。”

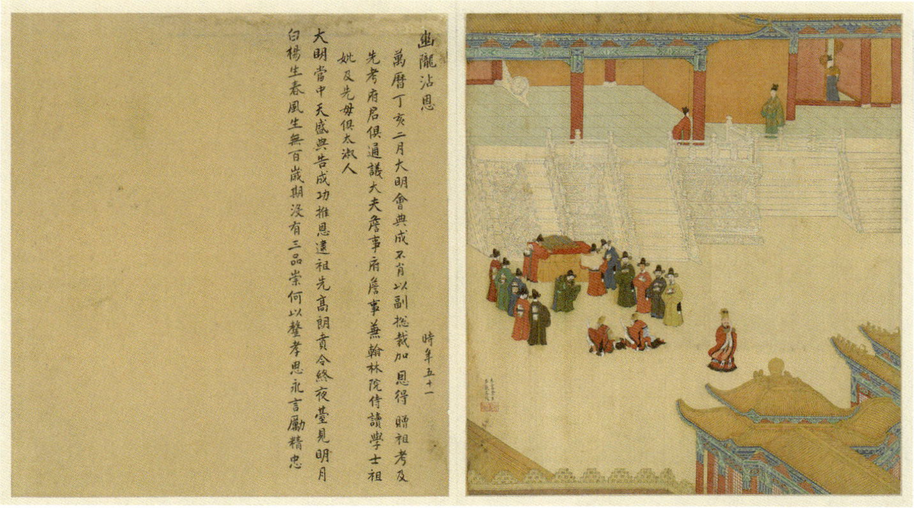

幽陇沾恩

读书人的人生追求，在于其家国情怀使然：一是报效国家，二是光宗耀祖。诚如显卿自己说的那样，“生无百岁期，没有三品崇。何以罄孝思，永言励精忠”。万历十五年（1587年），《大明会典》编修完成，他以《大明会典》副总裁的身份，得到了朝廷的加恩封赠，祖父徐庭兰、父亲徐骐俱赠詹事府詹事、通议大夫，祖母章氏、母亲林氏皆诰赠太淑人。第二十六开画面中皇极门玉阶之下，置诰命桌一张，呈现了五个情节：一是承制官宣读诰敕，二是吏部尚书从桌上捧出诰命，三是捧敕官将诰命授予受赏官，四是受赏官身着朝服执笏跪受，五是显卿双手执笏捧诰命正昂首阔步地向午门走去，出宫回家。这一年显卿五十一岁。

《宦迹图》展示了这位实现梦想的读书人徐显卿的一生。十二岁时，母亲去世，父子二人相依为命。嘉靖三十三年（1554 年），十八岁时参加童试，二十五岁时参加应天府乡试，但因父亲去世，故停试守孝，直到三十一岁时才参加应天府乡试，考中举人。乡试第二年，到京师参加由礼部主持的会试，考中贡生。随后参加由皇帝亲自主持的殿试，考中进士。这位读书人是靠读书一步一步奋斗出来的。因受穆宗赏识，入翰林院选庶吉士，被钦点为馆选第一。三十三岁时在文渊阁阅读内府藏书，作为重点培养人才。三十四岁时被授予翰林院编修（正七品）。万历五年（1577 年），升为皇帝侍读（正六品）。每遇皇极殿举行大朝，他都侍列于殿内东班。万历十一年（1583 年）参与会试阅卷，同年主持武举会试，成为文华殿经筵讲官。四十八岁时升詹事府左春坊左谕德（从五品），成为本坊掌印官。同年升国子监祭酒（从四品）。万历十三年（1585 年）由国子监祭酒迁少詹事，担任万历皇帝的日讲官。万历十五年（1587 年）《大明会典》成，他更以副总裁的身份，得到朝廷的恩赐，加恩祖父母和父母，达到了人生的巅峰，图记故事到此结束。从他在宫中的履职看，历任修撰、侍读、左春坊左谕德、国子监祭酒、詹事府少詹事兼翰林院侍讲学士、詹事府詹事兼翰林院侍读学士掌院事、礼部右侍郎、吏部右侍郎，所任职的部门都是国家的要害部门，可谓阅历丰富、才能出众。从行走的轨迹看，皇极殿、皇极门、文华殿、起居馆、翰林院、内书堂、贡院等，都是极其重要的中枢之地，重任在肩。这一切都是学而优则仕的结果。

三、科举与明清两代的科举考试

（一）学而优则仕的思想观念

中华民族重视教化作用，国家设立学校，注重思想品德培养和知识技能的学习，形成了读书学习的优良传统。孟子称："夏曰校，殷曰序，周曰庠，学则三代共之，皆所以明人伦也。人伦明于上，小民亲于下。"董仲舒倡议中央设置太学，地方设立小学，"立太学以教于国，设庠序以化于邑，渐民以仁，摩民以谊，节民以礼，故其刑罚甚轻而禁不犯者，教化行而习俗美也"。朱熹在《大学章句序》中称，在夏商周三代兴隆时，从国都到闾巷都设有学校，人到了八岁，从王公以下至于老百姓的子弟都要进入小学学习。十五岁之后，凡俊秀者，都要进入大学学习。小学学习的内容是洒扫、应对和待人接物的礼节，以及各种礼仪、音乐、舞蹈、射箭和驾车。大学学习的内容则是使受教者穷尽事物的道理，有自己的见解，正心修己，有自己的立场和正确的价值观，才能掌握治人之道。朱熹说："夫以学校之设，其广如此，教之之术，其次第节目之详又如此，而其所以为教，则又皆本之人君躬行心得之余，不待求之民生日用彝伦之外，是以当世之人无不学。其学焉者，无不有以知其性分之所固有，职分之所当为，而各俯焉以尽其力。此古昔盛时所以治隆于上，俗美于下，而非后世之所能及也！及周之衰，贤圣之君不作，学校之政不修，教化陵夷，风俗颓败，时则有若孔子之圣，而不得君师之位以行其政教。于是独取先王之法，诵而传之，以诏后世。若《曲礼》《少仪》《内则》《弟子职》诸篇，固小学之支流余裔，而此篇者，则因小学之成功，以著大学之明法，外有以极其规模之大，而内有以尽其节目之详者也。"三代学校设立之广，而教学的秩序和内容又是如此详细分明。君身立教之本，乃躬行仁义礼智之道，心得仁义礼智之德。而这些都来自日用饮食起居和彝伦常理，属于每一个人自身的东西，故当世之人无不学。而学习的人，无不知道这是人的本性所固有的，也是自己的职分所当为的。这样，每个人都会努力地尽自己的力量。这就是形成政治修明于上、风俗美善于下的原因。周代衰落后，贤圣之君不再出现了，上述学校的体制不再推行，教化随世事而零落，风俗也颓废败坏。

孟子、董仲舒、朱熹所言带有一种纯洁的理想色彩，但正是这种纯洁的理想，使人们意识到学习的重要性，它是形成政治修明和风俗美善的根本原因。

但现实情况是，周统一天下，实行的是分封建侯制，即以血缘关系为纽带的世卿世禄制度，金诤《科举制度与中国文化》说得极有见地："周天子把土地和人口分封给同族和勋臣，形成诸侯国；诸侯又分封土地人口给同族，形成卿大夫的'采邑'；卿大夫又分土地人口给同族，形成士的'禄田'。这就是'王臣公，公臣大夫，大夫臣士'、家族血缘关系与国家组织合为一体的世卿世禄制度。在这种制度下，即使有某种举荐选拔，也基本上不超出宗法家族的范围。也许在最低级的'士'这一阶层，某种情况下的举荐选拔可能超越世袭血缘关系的罗网，但能够因此而登上高位的，只能是极其偶然的例外。"[①]可见建立在血缘世卿世禄制度上的人才选举，几乎不会超出这个群体范围。

如果选拔人才的制度重在声名德行而不是考试，那么地方官只能通过本地豪门或名士们的"清议"了解，这很容易被世族掌控。地方官吏虽掌握着选拔人才的权力，但晋升的渠道却被世族垄断，由此滋生的腐败，让寒门子弟无法进入官僚阶层，失去晋升的机会。

春秋时代，孔子就已经意识到学习的重要性，"十室之邑，必有忠信如丘者焉，不如丘之好学也"，称自己是最好学的，提出"学也，禄在其中矣"，子夏亦唱和"仕而优则学，学而优则仕"，这在当时来说，无疑是一个晴天霹雳般的声音，是对各诸侯国现行制度的否定，并影响到后来的变革。但孔子没

---

① 金诤：《科举制度与中国文化》，上海人民出版社 1990 年版，第 17—18 页。

有意识到“学而优则仕”是要通过考试才能实现的真理，而各诸侯国也没有建立起考试选拔用人制度，“学而优则仕”只不过是梦想而已。所以孔子效仿先王之法，招收弟子习读《诗》《书》和历史文献，把先王之道传授弟子，再由弟子传授后人。如果形成令德恭孝、友于兄弟的社会风气，“是亦为政，奚其为为政”，这不也参与政治了吗？朱熹称圣王达而在上，以身为教，使道行于当世；孔子穷而在下，以言为教，有教无类，传诸其徒，使道明于后世。

虽然孔子时代没有实现“学而优则仕”的理想，但学校的出现和普及，是科举产生的温床，科举必由学校，所谓“治国以教化为先，教化以学校为本”。《礼记》说，“大道之行也，天下为公，选贤与能”。崇尚读书取仕，使贤者在位，能者在职，逐渐成为全社会的共识，一种超越血缘关系和声名德行的新的选拔人才制度产生了，这就是科举考试制度。

（二）科举考试的起源与发展

选拔人才历来是各代王朝的重要任务，《尚书》确立“圣王治世，贤臣辅佐”共治天下的传统，重视人才、选拔人才必然成为一项重要的国策，《孟子》曰：“尧以不得舜为己忧，舜以不得禹、皋陶为己忧。”《尚书·尧典》记载，尧欲选拔人才治理天下，放齐推荐尧的儿子丹朱，尧说丹朱说话虚妄，又好争辩，不可为任；驩兜推荐共工治水，尧说他善言而赏邪僻，貌似恭敬，而怀疑上天，也不可为任；人们所推荐的鲧，治理洪水达九年，而成效不著。尧在位七十年时，让四岳推举一位堪当大任之人，四岳推举了出身卑微的舜，帝曰：“我其试哉！女于时，观厥刑于二女。”舜继任帝位后，亦是采取咨询举荐的方式选拔人才，《尚书·舜典》记：“咨，四岳！有能奋庸熙帝之载，使宅百揆亮采，惠畴？”舜向四方诸侯的君长询问，有谁能发奋努力，发扬光大尧帝的事业，使居百揆之官辅佐政事呢？于是四岳推举了禹、稷、契、皋陶等贤士二十二人。舜帝对这二十二人是有考绩要求的，“三载考绩，三考，黜陟幽明，庶绩咸熙”，规定三年考察一次政绩，考察三次后，罢免昏庸的官员，提拔贤明的官员，于是事业兴旺起来。

尧舜时代选拔人才主要是根据他们的品行和才干，受公共意见即四岳诸侯的影响很大。到了周代，选拔人才则注重考试技能，内容是射箭，而不是文字书写答题方面的内容。《周礼·大司徒》载“以乡三物教万民而宾兴之”，用乡学的三种教法教化万民，有贤能的人，就以宾客之礼敬待他，并荐举给天子。《礼记·射义》载：“诸侯岁献贡士于天子，天子试之于射宫。”诸侯每年要向天子推荐人才，天子在射宫对他们进行考核，内容是射箭。又载，“天子将祭，必先习射于泽。泽者，所以择士也。已射于泽，而后射于射宫。射中者得与于祭，不中者不得与于祭，不得与于祭者有让，削以地；得与于祭者有庆，益以地。进爵、绌地是也”。原来射箭是非常重要的一件事，天子祭祀前，要于泽宫演习射箭，射中靶子是一项本领，通过射箭以正诸己。泽，是说利用射箭在诸侯推荐的士人中选择助祭的人。一旦成为助祭的人，也就进入官僚系统了。没射中的人不能参与祭祀，并要受到责罚，削减推举诸侯的封地。射中的人则要受到奖励，增加推举诸侯的封地。“射者，仁之道也。射求正诸己，己正然后发”，射箭这件事，包含仁的道理，先要求自己思想纯正、身体端正，自己做到思想纯正和身体端正，然后才射。故“射者，所以观盛德也”。

汉以前用人重在考绩德行，乡举里选。汉武帝元光元年（公元前 134 年），确立了察举制，由地方长官在辖区内随时考察、选取人才并推荐给上级或中央，经过试用考核后再任命官职，这种以举荐为主、考试为辅的察举制正是科举考试的源头。但察举制到东汉末年已被大族名士控制，蜕变为变相的世袭制。魏国曹丕采纳尚书令陈群的建议，选拔官员推行九品中正制。九品中正制的程序是，各州郡分别推选大中正一人，规定大中正必须是中央任职官员且德名俱高者，大中正中再产生小中正。大中正以中央分发的人才登记表按九等品级的形式掌控着人才的登记与评价，经大中正审核后，人才登记表才呈交吏部，吏部根据此表决定官员的升迁与罢黜。九品中正制的优点是制定了选拔人才的标准，但它与察举制一样，逐渐被世家大族垄断，崇尚门第，导致选举不公，寒门子弟难以出头。隋朝统一天下后，隋文帝废除了九品中正制，于开皇七年（587 年）诏令“诸州岁贡三人，工商不得入仕”[1]。开皇十八年（598 年）又诏令“京官五品已上、总管、刺史，以志行修谨、清平

① ［唐］杜佑：《通典》卷一四，清文渊阁四库全书本。

干济二科举人”[①]。炀帝于大业三年（607 年）下诏曰：“文武有职事者，五品已上，宜依令十科举人。有一于此，不必求备。朕当待以不次，随才升擢。其见任九品已上官者，不在举送之限。”[②]可见炀帝时举荐人才分为十科，即孝悌有闻、德行敦厚、节义可称、操履清洁、强毅正直、执宪不挠、学业优敏、文才美秀、才堪将略、膂力骁壮。隋朝选拔官员仍是两汉分科察举办法的沿袭，虽然设置“进士科”开科取士，实现考试内容标准化，但还没有出现“投牒自试”即考生无须地方官员举荐就可自行报名参加考试，故本书采用俞大纲之说，科举考试确立于唐高祖武德四年（621 年）。

唐高祖武德四年（621 年）四月一日下诏曰：“诸州学士及早有明经及秀才、俊士、进士，明于理体，为乡里所称者，委本县考试，州长重复，取其合格，每年十月随物入贡。”斯我唐贡士之始也。[③]明确了考生要先参加县、州的预试，然后于每年的十月赴京城参加应试，无须像隋朝那样必须经官府举荐。次年三月又颁布《京官及总管刺史举人诏》曰：“择善任能，救民之要术；推贤进士，奉上之良规。自古哲王弘风阐化，设官分职，唯才是与，然而岩穴幽居，草莱僻陋，被褐怀珠，无因自达……举非其人，滥居班秩……招选之道，宜革前弊。……苟有才艺所贵，适时洁己登朝，无嫌自进……亦听

① ［唐］魏征等撰：《隋书》卷二，中华书局 1973 年版，第 43 页。
② ［唐］魏征等撰：《隋书》卷三，中华书局 1973 年版，第 68 页。
③ ［五代］王定保：《唐摭言》卷一，清文渊阁四库全书本。

自举。”[①]明确了考生无须通过地方官府举荐，可自行报名参加考试。至此，科举考试才算正式确立起来。[②]正如唐长孺先生《南北朝后期科举制度的萌芽》引俞大纲所言，“若谓察举对策之法，已为完形之考试制度，则当上溯两汉为权舆，若谓朝廷开科待人，士子投牒自试，始可谓完形之考试制度，则当以唐为始，不可谓肇基于隋，确定于唐矣”，认为投牒自试是科举取士的主要标志，故科举制度起源于唐。唐玄宗时名列第一的进士杨绾却对投牒自试制度提出了反对意见，建议取消，称：“凡国之大柄，莫先择士。自古哲后，皆侧席待贤。今之取人，令投牒自举，非经国之体也。望请依古制，县令察孝廉，审知其乡闾有孝友信义廉耻之行，加以经业，才堪策试者，以孝廉为名，荐之于州。刺史当以礼待之，试其所通之学，其通者送名于省。自县至省，不得令举人辄自陈牒。比来有到状保辩识牒等，一切并停。”[③]杨绾身为丞相，却想回到汉代的举孝廉选拔人才制度，可谓是一种倒退。唐代科举考试每年有定期考试，如每年举行的进士科和明经科考试，又称常科，也有临时下诏的考试，称为制考。内容有经、史、法、礼、书、算等科目，兼试诗赋，其最重者为明经、进士两科。

宋代是科举考试的黄金时代，通过科举考试，科举出身成

① ［宋］宋敏求编：《唐大诏令集》卷一二〇，清文渊阁四库全书本。

② 参见金诤：《科举制度与中国文化》，上海人民出版社 1990 年版，第 50 页。

③ ［后晋］刘昫等撰：《旧唐书》卷一一九，中华书局 1975 年版，第 3431 页。

为从下到上各级官员的最基本来源，实现了全面文官治国的理想。科举包括贡举、武举、制举与词科、童子举等。贡举又分为明经、进士、诸科等科目。其中进士、诸科录取人数最多，持续时间最长，影响也最大。正式确立了取解试、省试、殿试三级考试制度，取解试是由各州举行的考试，由各州的判官和录事参军主持；省试是由礼部举行的考试，由皇帝选派的官员主持；殿试由皇帝亲自主持，录取权由皇帝直接掌握。通过实行弥封、誊录、锁院、别头、搜身等法规，彻底消除了荐举，在相当程度上防止了科举腐败，保证了科举的公平、公正。宋王朝是在唐末五代十国战乱中诞生的，造成五代动乱的根源是唐末藩镇权力的膨胀。宋太祖立国之初便将兵权收归中央，加强了皇帝对军队的控制权，使重文轻武成为宋王朝的基本国策，州郡等地方长官皆由文官担任。为保证地方长官的供给和治理水平，需要通过科举考试这个途径来实现，故科举制度在宋代得以发展，并逐渐成为国家的根本。通过科举的学子是治理国家的人才，也是确立“圣王治世，贤臣辅佐”治国模式的关键。正如乾隆十七年（1752年）殿试考生卢文弨的策对所言：“臣惟王者所与共治天下，内有辅弼之臣，外有司牧之职，皆所以承流而宣化也。唐虞之世，五臣、九官所以治其内，四岳、十二牧所以治其外，济济称极盛矣。而君臣之闲，动色相戒，其臣之所以进勉者，必曰无怠无荒，其君之所以倚毗者，必曰予违汝弼，盖皆以克艰为心，而不敢一刻自暇逸也。夫同寅协恭之义，言君与臣同此敬畏之心也。”君臣共治天下，这正是《尚书》的真意所在，也是科举制度得以继续存在的法理依据。

明洪武三年（1370 年）诏开科举，规定“中外文臣皆由科举而进，非科举者勿得与官”，科举成为做官的通道，明代的科举得到快速发展，臻至极盛。洪武十七年（1384 年）公布《科举成式》，成为科举考试的永久成文法规。而永乐时颁布的《五经四书大全》和《性理大全》，成为科举考试的教材，儒家经典成为必考内容，强化了儒家思想在中华文化中的核心地位。自董仲舒始，历经隋唐、两宋，至此始得正果。这些举措又完全被清代继承，总计长达五六百年之久。

科举考试，使大批读书人进入政府部门，形成文官政治，文官政治导致了两种结果：一是培养了一支具备丰富文史知识的文官队伍，他们熟悉历史，鉴古而知今，彰往而察来，通过审视和借鉴历史，以洞察当下的社会状态与发展趋势，他们拥有深厚的哲学思维与历史智慧；二是儒家思想成为读书人的共同信仰，传承、弘扬、捍卫儒家思想成为他们的共同使命。[①]

（三）明清两代的科举考试

明清两代的科举考试程序复杂，要通过不同级别的考试，以清代科举考试为例，商衍鎏《清代科举考试述录及有关著作》记载，童试是最初的考试，并非尽是儿童，无论年龄大小，壮年以至白发老人，凡应试者皆称童生。童试要经过三次考试，即县试、府试和院试。县试，由县官出示考期，童生向本县礼

① 参见金诤：《科举制度与中国文化》，上海人民出版社 1990 年版，第 4、第 8 页。

房报名，填写姓名、籍贯、年岁，并父母、祖父母、曾祖父母三代存殁，已仕、未仕者履历，取具同考五人的五童互结，与本县认保廪生的保结，保其实无冒籍（非本县人为冒籍）、匿丧（有父母死而在三年内居丧者）、顶替、假捏姓名，身家清白（非优倡皂隶之子孙），方准应考。考官为本县的县官，届试日点名发卷入场。第一场考八股文一篇，五言六韵试帖诗一首，取录者再考第二场为复试，二场以后考否听便，连接共考五场则兼考诗赋经论之类，至末场取录第一名者为县案首。府试即参加州府的考试，考官为本地的知府。通过县试和府试的童生，造册送全省学政考试。学政由京简放，均为翰林官员担任。院试关防较为严密，考试通过者为生员即秀才。取得生员后，仍要接受学政的考试，学政任期三年，第一年为岁考，第二年为科考。乡试在省城考试，考生为全省的生员、廪生、贡生、监生，三年一科，逢子、午、卯、酉年为正科，遇有万寿、登极各庆典加科者曰恩科，考试通过者为举人。会试在京城举行，考生为各省的举人，三年一科，逢丑、辰、未、戌年为正科，加科者曰恩科，考试通过者为贡士。殿试在太和殿举行，时间是在会试之后，考试一天，结束后第二天读卷官在文华殿共同阅卷，阅定将前十本于小传胪日寅刻进呈皇帝钦定名次。第一甲赐进士及第，第二甲赐进士出身，第三甲赐同进士出身，第一甲第一名曰状元，第二名曰榜眼，第三名曰探花。[1]

---

① 商衍鎏：《清代科举考试述录及有关著作》，百花文艺出版社 2004 年版，第 423—436 页。

明代科考是洪武三年（1370 年）确定的，规定了乡试、会试和殿试的考试时间、内容、策对字数、录取名次、身份和名单公布等。《大明会典》载：凡开科，洪武三年诏，设科取士，以今年八月为始，使中外文臣皆由科举而选。京师及各行省乡试，八月初九日试初场，又三日试第二场，又三日试第三场。初场经义二道，四书义一道。第二场论一道，第三场策一道。后卜日复以骑射书算律五事试之。乡试中式，行省咨中书省判送礼部会试，其中选者，上亲策于庭，第其高下，五经义限五百字以上，四书义限三百字以上，论亦如之。策惟务直述，不尚文藻，限一千字以上。其高丽、安南、占城等国，如有经明行修之士，各就本国乡试，许贡赴京师会试，不拘额数选取。[①]凡殿试，洪武三年定，殿试时，务策一道，惟务直述，限一千字以上。其出身，第一甲第一名，从六品，第二第三名，正七品，赐进士及第；第二甲，正七品，赐进士出身；第三甲，正八品，赐同进士出身。四年，定恩荣次第，二月十九日，御奉天殿策试贡士。二十日午门外唱名张挂黄榜，奉天殿钦听宣谕，同除授职名，于奉天门谢恩。二十二日，赐宴于中书省。二十三日，国子学谒先圣，行释菜礼。[②]释菜礼，出自《周礼·春官·大胥》“春入学舍采合舞”，郑玄注：“舍，即释也。采，读为菜。始入学，必释菜礼先师也。”为祭祀先圣先师的一种典礼。

---

① ［明］李东阳等敕撰，申时行等奉敕重修：《大明会典》（万历朝）卷七七，江苏广陵古籍刻印社 1989 年版，第 1225—1226 页。

② ［明］李东阳等敕撰，申时行等奉敕重修：《大明会典》（万历朝）卷七七，江苏广陵古籍刻印社 1989 年版，第 1236 页。

四、神圣的殿堂考试

殿试，是最高等级的考试，起源于唐代，由武则天在洛阳紫微宫洛城殿创制，《通典》载："武太后载初元年二月策问贡人于洛城殿，数日方了，殿前试人自此始。"[①] 载初元年（690年）武则天亲自主持了第一次殿试，这在中国科举考试史上具有里程碑意义。此后殿试，皇帝要亲临考场，《文献通考》载："试之日，或在殿廷，天子亲临观之。试已，糊其名，于中考之。文策高者，特授以美官，其次与出身。"[②] 宋代殿试始于太祖开宝六年（973年），《宋史》记载翰林学士李昉主持的省试，录取进士、诸科及第者三十八人中，召对时，进士武济川、刘睿表现平平，对应失次，被皇帝黜落了。这时落第进士徐士廉击登闻鼓，状告李昉顾及同乡，用情取舍，有失公允，建议重新举行考试，由皇帝亲自主持。于是宋太祖下诏从已录取的和落榜的考生中选出一百九十五人，在讲武殿复试，皇帝亲自主持，考试题目是"未明求衣赋""悬爵待士诗"。复试结果，得进士二十六人、"五经"四人、"开元礼"七人、"三礼"三十八人、"三传"二十六人、"三史"三人、学究十八人、明法五人，

---

① ［唐］杜佑：《通典》卷一五，清文渊阁四库全书本。

② ［宋］马端临：《文献通考》卷二九，清文渊阁四库全书本。

皆赐及第。[①] 皇帝亲临考场，主持殿试，意味着考试级别的提升，也意味着凭真才实学取仕的到来，不同阶层的人站到了同一起跑线上，同时所有及第的人都成了天子门生。一次，宋太祖对近臣们说："昔者，科名多为势家所取，朕亲临试，尽革其弊矣。"[②]

明代的殿试成为礼制的重要部分，其仪如下："凡士之举于礼部者，国初以三月朔日，御殿而亲试之，谓之殿试。后率以三月十五日，简以他事更日，并读卷、传胪等仪具列于后。殿试仪：先期一日，鸿胪寺官设策题案于殿之东，光禄寺备试桌于两庑。至日早，礼部官引贡士入至皇极殿丹墀内东西，北向序立。文武百官各具公服，侍立如常仪。鸿胪寺官请升殿，上常服，御皇极殿，鸣鞭，文武百官行叩头礼。侍班、执事官举策题案于殿中。内侍官以策题付礼部官，置于案上。鸿胪寺官引贡士就拜位。执事官举策题案由左阶降，置御道中，赞，贡士行五拜三叩头礼，各分东西侍立。执事官随举策题案于丹墀东，鸿胪寺官奏礼毕，鸣鞭，驾兴，文武百官退。军校举试桌列于丹墀东西，北向，置定。礼部官散题，贡士仍列班跪受，叩头就试。是日如遇天雨或大风，试桌即移设于两庑。"[③] 殿试考试前要举行盛大的典礼，首先将策题案置于皇极殿内东侧，考试桌则备于两庑。殿试当日一早，礼部官率领贡士考生

① ［元］脱脱等撰：《宋史》卷一五五，中华书局1977年版，第3606页。

② ［元］脱脱等撰：《宋史》卷一五五，中华书局1977年版，第3606页。

③ ［明］李东阳等敕撰，申时行等奉敕重修：《大明会典》（万历朝）卷五一，江苏广陵古籍刻印社1989年版，第911—912页。

站立于殿前平台（丹墀）东西两侧，北向而立。文武百官俱穿官服，分文东武西序立于平台东西两侧。鸿胪寺官请皇帝升殿，皇帝坐于宝座上。这时殿外鸣鞭声起，文武百官及考生行叩头礼。执事官举策题案于殿中，内侍官将策题交给礼部官，礼部官再将策题放于案上。这时鸿胪寺官引考生就位。执事官随即举策题案出殿，由左阶下置于御道上。考生行五拜三叩头礼。执事官举策题案置于平台东，鸿胪寺官奏报殿试礼结束，鸣鞭，皇帝离殿回宫，百官退。军校将备于两庑中的试桌抬至平台上分东西摆放，皆北向。礼部官分发策题试卷，考生跪受，随即就位答题。如果殿试当日遇下雨或刮大风，则将试桌移于两庑中考试。

殿试策问考题（策题），由皇帝亲自命题，如永乐二年（1404 年）三月壬寅朔殿试，朱棣亲临奉天殿，参加殿试的考生皆由礼部选中。策问题目曰："朕闻圣人之治天下，明于天之经，察于地之义，周于万物之务，其道贯古今而不易也。是故黄帝尧舜统承，先圣垂衣而治，神化宜民。朕惟欲探其精微之蕴，历象《禹贡》《洪范》载于《书》，大衍河图洛书著于《易》，古今异说，朕惟欲致其合一之归。兴学有法，立贤无方，而古今异制。朕惟欲通其所以，教育参其所以，明扬古者，礼乐皆有书，今《仪礼》《曲礼》《周礼》仅存，而《乐书》阙焉。朕惟欲考三礼之文，补《乐书》之阙，定黄钟之律，极制作之盛，皆圣人治道所当论也。咨尔多士。承朕皇考圣神文武钦明启运俊德成功统天大孝高皇帝作新余四十年，必知务明体适用之学，敷纳于编，朕亲考焉。”[①] 考生要根据策题内容作答，时间是一天。

殿试后二日早，常朝毕，皇帝亲诣文华殿，主持阅卷，并亲定前三名名次，其礼仪程序如下：“（当日）免日讲，不用侍班侍卫等项，读卷官各执卷随至文华门外，候上升座，传读卷官进，各官趋至丹陛，行叩头礼，入殿内东西序立，传读卷。读卷官居首者，至御前跪，展卷朗读毕，司礼监官接卷置御案，本官叩头，兴，复班。其各读卷官以次进读如仪。读三卷后，临时候旨，再读几卷，如奉旨免读，各官即执卷同至御前跪，司礼监官以次接卷俱置御案，各官叩头，兴，复班。传各官退。各读卷官出至丹陛行叩头礼毕，即出至文华门外，候上将试卷裁定，御批第一甲第一名，第一甲第二名，第一甲第三名，毕，其余各卷发出内阁官领收，上回宫。是日，各读卷官先将第二甲第一名以下拆卷，填写黄榜。”[②] 读卷官有多名，都要在皇帝面前展卷朗读，一般来说是读三卷后，临时候旨，再读几卷，如奉旨免读，则各读卷官执卷至御前跪，司礼监官则从读卷官手中接过试卷置于御案上，各读卷官叩头退出，皇帝则亲自阅视。这些读卷官事先由内阁大学士组成，并经礼部奏请，各衙门监视，该读卷官详定试卷。次日一同至文华殿。读卷官将第一甲三卷以次向皇帝进读，由皇帝最终御笔批定名

---

① 《明实录·明太宗实录》卷二九，台湾“中研院”历史语言研究所校印，第 515 页。

② ［明］李东阳等敕撰，申时行等奉敕重修：《大明会典》（万历朝）卷五一，江苏广陵古籍刻印社 1989 年版，第 912 页。

次。《大明会典》载："凡殿试读卷官，内阁于大学士、学士等官内具名。从礼部奏请，至日与各衙门，该读卷官详定试卷。次日同诣文华殿，内阁官将第一甲三卷以次进读，俟御笔批定，出，将二甲三甲姓名填写黄榜。又次日早，同诣中极殿，内阁官进至御座前，以次拆卷，将姓名籍贯面奏。司礼监官、授制敕房官填榜毕，开写传胪帖子。内阁官一员捧榜至皇极殿，授礼部尚书，制敕房官将帖子授鸿胪寺官传胪。其受卷弥封，掌卷官从内阁于本院及春坊等官并制敕房官内推选，与各衙门官相兼执事。凡进士登科立石题名于国子监，从礼部奏请。钦命内阁大学士一员撰文。"①

嘉靖五年（1526年）奏准：受卷弥封官不许检看文字及与掌卷官往来，各卷糊名毕，用关防钤盖送掌卷官处转送读卷官，内除内阁首一人总看各卷，不必分授其余读卷官。各将所看文字第为三等，先将上等一卷送内阁公同定拟一甲三名，余卷从内阁至翰林院各填一卷，周而复始。

殿试第一名的确定，具有一定的随意性，与皇帝当时的心情和喜好存在着一定的关系，《西园杂记》载："建文二年，廷试已取吉水王艮卷第一，及传胪，以艮貌不扬，遂以胡广易之，艮次焉。文皇兵入城，艮仰药死，广乃迎降，官至大学士，有负旧君多矣。以貌取人固如是哉！永乐戊戌廷试，文皇亲阅试策，以李马卷为第一，嫌其名马，就卷上改为骐。及传

① ［明］李东阳等敕撰，申时行等奉敕重修：《大明会典》（万历朝）卷二二一，江苏广陵古籍刻印社1989年版，第2937页。

胪，凡三唱名，无敢应者。上曰：‘即李马也。’乃受诏，赐状元及第。永乐甲辰，廷试已取孙日恭卷为第一矣，上嫌其名若暴字，抑置第二。士之遇不遇，岂非命乎？”①

清代继承明代殿试制度，《清史稿》载：“天聪间，始开科取士。顺治初，会试中式举人集天安门考试。十五年，改试太和殿丹墀，定临轩策士制。先期一日，丹陛上正中，太和殿内

太和殿内景

① ［明］徐咸：《西园杂记》，商务印书馆1937年版，第11页。

东偏，分设黄案，东西阁檐下备试桌。届日质明，内阁官朝服捧策题置殿内案上。帝御太和殿，王公百官侍立，鸿胪寺官引贡士诣丹陛下立。大学士取题授礼部官，跪受，置丹陛案上，三叩。举案降左阶，陈御道正中。读卷官执事官各三跪九叩，诸贡士亦如之。毕，驾还宫。徙试桌丹墀左右，北向。礼部官散题，贡士跪受，三叩，就桌。对策讫，受卷，弥封诸官竢左庑檐下，收封盛入卷箱，收掌官送读卷官校阅，不御殿，王以下官，不会集，不陈卤簿。阅卷三日毕，翼辰，前列十卷签拟名次，缄封呈御览。帝御养心殿西暖阁，阅毕，召读卷官入，亲定甲乙授之，出拆弥封，依次缮写绿头签，引十人进乾清门，祇竢西阶下。帝御宫，读卷官捧签入，跪呈，引班官引十人跪丹陛中，依次奏名籍，兴，退。帝亲定一甲三人，二甲七人，授签读卷官，跪受，兴，退，率十人侍立西阶下。驾还便殿。十人先出。读卷官捧卷诣红本房，填写名次毕，交内阁题金榜。”[①]

清代殿试与明代相比，几乎没有什么变化，乾隆五十四年（1789 年），殿试改在保和殿举行，自后为恒例。清初殿试日期，或为四月上旬，或为五月上旬；乾隆二十六年（1761 年）定四月二十一日殿试，二十五日传胪，遂为永制。

清末时，最后一次科举考试于保和殿举行，商衍鎏在《清代科举考试述录及有关著作》记录了自己亲身参加殿试的经

---

① 赵尔巽等撰：《清史稿》卷八九，中华书局 1977 年版，第 2648—2649 页。

历。光绪癸卯、甲辰两科，因庚子辛丑变乱，北京贡院被八国联军焚毁，故此两科乃借闱在河南开封会试。广东考生商衍鎏是甲辰科考生，参加完河南的会试后，匆匆赶赴北京参加殿试，据商衍鎏回忆：“我于五月二十一日黎明，穿常朝服入东华门至中左门，听点名领卷，送场者至此为止。我背负考箱至保和殿。殿廷所备试桌，式如炕几，高仅尺许，趺坐盘膝坐于地毡之上以事写作，试士皆所不惯。于是多自携考桌，其制用

保和殿内景

光面细布蒙薄板，以铁条为活四柱，纳于板背，折叠成片，支起扣于套环，即为一桌，较内廷所备者稍高；以藤筐盛布箱，贮考具应用的东西，其筐即为座椅。入殿随意择座，但殿宇深严，先至者多踞前排，后排阴暗不能辨字，后至者多迁于殿前廊下。策题颁下约在辰刻（晨五—七时），至中和殿阶下跪接，每人一张，策题用黄纸印刷，领题后还保和殿就座对策。殿上均黄绒地衣，下衬以棕荐篾席，正中设御座，丹陛三级，加以五彩蟠龙地衣，禁止吸烟。乾隆以前，皇帝多御殿考试，道光以后未亲临，派亲王为代。发策四道，即日交卷，不许继烛。策文最短以千字为率，卷为八开，每开十二行，每行二十四字，写足约二千字，道光以后注重楷法，卷纸七层，厚不易写，书写时间，占大半日，限于时刻，为文不暇构思。我于傍晚出场，将卷写足，谓之七开半，工楷圆满，无一脱漏的字。”①

五、传胪大典背后的“蝴蝶效应”

商衍鎏《清代科举考试述录及有关著作》考证，传胪即唱名，其制始于宋代雍熙二年（985 年）。宋程大昌《演繁露·胪传》曰：“今之胪传，自殿上至殿下，皆数人抗声相接，使所唱之语，

① 商衍鎏：《清代科举考试述录及有关著作》，百花文艺出版社 2004 年版，第 434—436 页。

联续远闻。”又宋杨万里《四月十七日侍立集英殿观进士唱名》曰：“殿上胪传第一声，殿前拭目万人惊。”胪传又作传胪，宋时进士在集英殿唱第日，皇帝临轩，宰臣进一甲三名卷子，于御案前读毕，拆视姓名，则曰某人，由是阁门承之，以传于阶下，卫士凡六七人，皆齐声传其名而呼之，谓之胪传。明沈受先《三元记·及第》曰：“金殿传胪第一声，三元连中占魁名。”[①]

在朝政大殿，传胪是一项极为神圣的典礼，预示着科举考试最辉煌时刻的到来。

《大明会典》记载，明代传胪仪如下：“先期一日，设黄榜案于中极殿内稍东。至期，文武百官各具朝服伺候行礼。是日早，鼓未鸣，先开左掖门，放读卷及提调并执事官进入中极殿门外，候上具皮弁服升座，各官入，行叩头礼毕，进入殿内供事。读卷官拆第一卷，奏：第一甲第一名某人。拆第二卷，奏：第一甲第二名某人。拆第三卷，奏：第一甲第三名某人。填写黄榜讫，尚宝司官用宝完备，起鼓，执事官整束黄榜，翰林院官捧出皇极殿伺候，其余读卷提调等官俱先退出。鸿胪寺官赞，执事官行五拜三叩头礼毕，奏请升殿。导驾官前导，上升座，作堂下乐，鸣鞭，执事官举案至帘前置定，翰林院官捧榜授礼部官接置于案。执事官引贡士入拜位，赞：‘四拜。’传制官跪奏传制，俯伏，兴，由殿左门出，至丹陛东立西向。执事官举榜案至丹墀御道中置定，传制官称：有制，鸣赞赞跪。制

① 商衍鎏：《清代科举考试述录及有关著作》，百花文艺出版社 2004 年版，第 148 页。

曰：某年三月十五日，策试天下贡士，第一甲赐进士及第，第二甲赐进士出身，第三甲赐同进士出身。第一甲第一名某人，第一甲第二名某人，第一甲第三名某人，第二甲某人等若干名，第三甲某人等若干名。"[①]第一甲第一名、第二名和第三名的姓名是要传胪的，即唱名声音先从殿内传出，丹墀上的传胪官接唱，然后是台阶上的传胪官接唱，一声接一声传至广场，直到传至站在御道两旁的新科进士们的耳里。

传胪时，进士穿的服饰，据周锡保《中国古代服饰史》的考证，隆庆时进士徐显卿身着的服饰是："戴巾，制如乌纱帽，展角，阔寸余，长五寸许，系以垂带，皂纱为之。衣用深蓝罗袍，缘以青、黑角带。"这种服饰于谢恩及传胪日服之，礼毕后改常服。

传胪当日，要张挂黄榜于长安左门外，先是礼部尚书将黄榜置于午门外彩亭内，由黄伞鼓吹引导至长安左门外张挂，进士们随从。等待的顺天府官用伞盖仪仗再护送状元归第。次日，"赐状元及进士宴于礼部，命大臣一员侍宴，读卷执事等官皆预进士，并各官皆簪花一枝（花，剪綵为之，其上有铜牌，钑恩荣宴三字，惟状元所簪花，枝叶皆银，饰以翠羽，其牌用银抹金）。教坊司承应宴毕，状元及进士赴鸿胪寺习仪。又明日，赐状元冠带朝服一袭，诸进士宝钞，人五锭"[②]。殿试酒饭：

---

① ［明］李东阳等敕撰，申时行等奉敕重修：《大明会典》（万历朝）卷五一，江苏广陵古籍刻印社 1989 年版，第 918 页。

② ［明］李东阳等敕撰，申时行等奉敕重修：《大明会典》（万历朝）卷七七，江苏广陵古籍刻印社 1989 年版，第 912 页。

每桌，茶食五碟，果子五碟，按酒五般，点心一碟，汤二品，饭一分，菜四色，酒五钟。进士，每名馒头二个，汤一碗。礼部晚宴并早粥，用鹿一只，猪二口，羊三只，鹅十二只，熝猪肉八十斤，粳米三斗，火熏三腿，鸡蛋一百个，豆腐五十连。煮粥，猪肉五斤，油醋各二瓶，酱六斤，盐十斤，细粉五十斤，花椒十两七钱，胡椒五两，香蕈麻菇各五两，香油六斤，酒九十瓶。

亲自参加了传胪的清末探花商衍鎏称："黄榜谓之金榜，俗言金榜题名者以此。金榜盖用皇帝之宝，另写一小金榜进存大内，光绪甲辰科的小金榜现尚陈列于故宫博物院中。传胪后再颁上谕：第一甲第一名授职翰林院修撰，第二、三名授职翰林院编修。普通称第一名为状元，第二名为榜眼，第三名为探花。按唐制赴礼部试者须投状，故殿试第一称为状元；第二名喻榜中双眼，故称榜眼；第三名探花之称，则以唐进士杏园初会谓之探花宴，以少俊二三人为探花使，亦曰探花郎，同诸进士游园以折取名花，后始专以第三人当之。又相传有状元骑马游金街之说，是始于宋时第一人及第给金吾七人清道而来。我与刘、朱共三人，是日随榜亭至东长安门内，顺天府府尹已于此处结彩棚相迎。棚内设长案陈列由礼部颁给的金花绸缎袍褂料等，府尹为三人进酒簪花披红，备马三匹，亲送三人上马，由午门中道而出，用鼓乐执事状元榜眼探花及第的彩旗脚牌引路前导，出午门后转向东城北行至新街口顺天府尹衙门赴宴。署内外列队鼓乐迎送，府尹出迎，三人下马登堂，乐作开宴。于大堂南向设三席，一甲三人每人一席为客席，北向一席为顺天府尹主席。就座举酒即起，礼毕送三人上马，用原鼓乐彩旗牌仗引道，经地安门外，由西城出正阳门至南城，四城俱遍行，所谓骑马游金街者殆此。榜眼、探花送状元刘春霖至直隶会馆归第，次榜眼、探花归第，我与朱汝珍皆广东人，遂同至粤东会馆。是日会馆演戏宴客，同乡京官皆到，请是科会试大总裁房官，及复试殿试各阅卷官。二十六日为恩荣宴，相沿称为'琼林宴'。"①

后三日，状元率诸进士上表谢恩。"先期一日，鸿胪寺官设表案于皇极殿门之东。至日早，锦衣卫设卤簿驾，鸿胪寺官引状元捧表置于案，退立丹墀御道稍东，其诸士以次序立，上具皮弁服，御中极殿，执事官行叩头礼毕，鸿胪寺官奏请升殿，导驾官前导，上升座，作堂下乐，鸣鞭，文武百官各具朝服行礼，侍班如常仪。鸿胪寺官引状元及进士入班，赞：'四拜。'赞：'进表。'鸿胪寺官举表案置于殿中，赞：'宣表目。'礼部官跪宣表目讫，俯伏，兴，彻案。状元及进士又四拜礼毕，鸣鞭，驾兴。"②第二天，状元率诸进士诣国子监，谒先师庙，行释菜礼，礼毕，易冠服。礼部奏请命工部于国子监立石题名。

清代传胪仪与明代相同，其仪："设卤簿，陈乐悬，王公百官列侍。贡士皆公服，冠三枝九叶顶冠，立班末。帝御太和

① 商衍鎏：《清代科举考试述录及有关著作》，百花文艺出版社2004年版，第436页。

② ［明］林尧俞纂修：《礼部志稿》卷一三，清文渊阁四库全书本。

殿，读卷等官行礼如初，奉榜授受如奉策题仪。鸿胪寺官引贡士就位，跪听传。制曰：'某年月日，策试天下贡士，第一甲赐进士及第，第二甲赐进士出身，第三甲赐同进士出身。'赞'一甲一名某'，令出班前跪。赞二三名亦然。赞'二甲一名某等若干名，三甲某等若干名'，不出班，同行三跪九叩礼。退立。礼部官举榜出中路，一甲进士从，诸进士出左右掖门，置榜龙亭，复行三叩礼。校尉舁亭，鼓乐前导，至东长安门外张之，三日后缴内阁。于是顺天府备伞盖、仪从送状元归第。越五日，状元偕诸进士上表谢恩如常仪。"①

广东考生商衍鎏有幸取得了探花名次，参加了古代中国最后一次的传胪典礼。商衍鎏第一次经过层层高墙和众多宫门，来到了保和殿这座古代读书人梦想登上的殿堂。傍晚，他走出了保和殿，中了探花，他有幸享受了皇帝才有的待遇，从正中御道走出。他回忆道："二十五日，在太和殿传胪受贺，典礼隆重。是日晨，设卤簿法驾于殿前，设中和韶乐于殿檐下，大乐于太和门内，彩亭御仗于午门外，并设黄亭二，一在殿内东楹，一在丹陛正中。王公大臣侍班，新进士朝服，戴三枝九叶顶冠，按名次奇偶序立东西丹墀之末。届时礼部堂官诣乾清门奏请光绪帝礼服乘舆，引入太和殿升座，奏韶乐，阶下司礼者鸣鞭，皮鞭长丈余，鸣时飞舞回旋，响彻云霄，如是三次。鸣鞭毕，大学士于殿东黄案将黄榜捧出，置丹陛正中的黄案，奏大乐，宣制曰：奉天承运皇帝制曰：'光绪三十年甲辰恩科，

① 赵尔巽等撰：《清史稿》卷八九，中华书局 1977 年版，第 2649 页。

五月二十一日策天下贡士谭延闿等二百七十三名，第一甲赐进士及第，第二甲赐进士出身，第三甲赐同进士出身。’传胪官唱第一甲第一名刘春霖，引出班就御道左跪，第二名朱汝珍，引出班就御道右稍后跪，第三名商衍鎏，引出班就御道左又稍后跪，每名皆连唱三次。嗣唱第二甲张启后等若干名，第三甲张鸿等若干名，仅唱一次，不引出班。唱时以次接传，上传语告下曰胪，所以谓之传胪。唱名毕，奏乐，朝贺，大学士到三品以上各官及新进士均行三跪九叩首礼。礼毕，礼部尚书奉黄榜承以云盘置彩亭内，导以黄伞鼓吹，由太和中门送至东长安门外彩棚张挂。”①

乾隆主持了无数次的传胪大典，写了众多传胪诗，对科举进行了赞美，殷吾渴念伫于兹，为国家选拔人才，举行如此的大典是值得的。

乾隆十七年（1752年）《御制御殿胪唱有作》曰：“秋榜原春榜，恩科乃特科。慈宁欣寿永，师济冀材多。大对谁忠告，旁求此广罗。午门开诶荡，日丽小春和。”这一年恰逢乾隆的母亲崇庆皇太后六十大寿，为庆祝这一盛典，特开恩科以示恩典，即于规定年份举行的正科之外，临时奉旨加开一场考试，如乾隆即位时加开恩科所言，“国家大典，首重抡才，我朝培养多年，人文日盛，是以皇考御极之初，于三年大比之外，特开乡会恩科……今朕承继大统，特开乡会恩科”。

---

① 商衍鎏：《清代科举考试述录及有关著作》，百花文艺出版社2004年版，第435—436页。

乾隆二十六年（1761年）《御制四月二十五日御殿传胪纪事诗》曰："雅化作人祝寿慈，金阶胪唱丽晴曦。既求真学颁新制，亦体常情改近期（去岁以磨勘需日，定于五月五日殿试，初十日传胪，兹念多士守候时久，命速行磨勘，于四月二十一日殿试，二十五日传胪）。公举不教存己见，明扬还预定其辞（命读卷官毋得存己见，俟榜后，别令大臣覆勘，去取同异，又新定引见之例，然先进其文，朕就其文定甲乙后，乃令按名引见，于是殿试之制，简而益备矣）。西人魁榜西平后（今岁状元，陕西韩城县王杰，国朝百年以来，乃创见也），可识天心偃武时。"雅化作人，出自《诗经·大雅·棫朴》"周王寿考，遐不作人"。这一年正逢太后七十大寿，殿试日和传胪日提前举行，并成为永制，而殿试制度更加简化而趋完备。出人意料的是陕西考生王杰中了状元，文教昌盛，一改江南考生独揽状元的成例。

乾隆三十一年（1766年）《御制御殿传胪诗》曰："三年一举右文仪，未可寻常例视之。众对策皆摅所学，亲抡颂在不忘规（昨阅前列十卷，亲为抡定条对，虽皆详赡，而原拟之第六卷尚知颂不忘规，因特擢第一）。或逢甘雨随金榜（时颇望雨），且喜微风靖彩旗。必有真材济实用，殷吾渴念伫于兹。"殿试是三年一考，每次考试后，乾隆都要亲自详阅前十名的卷子。知颂不忘规，出自宋代楼钥《送陈表道宰南丰》"以规不以颂，不自知其愚"。是说应该以规劝为主，而不是一味地赞美，因为不自知其愚，即不自知其无知。因第六卷尚知颂而不忘规劝，故特定为第一。

乾隆四十六年（1781 年）《御制御殿传胪六韵》曰："龙虎传胪唱（是日恰值戊辰），太和晓日暾。国朝经百载，春榜得三元（我朝开国百四十年以来，会状联元及乡试殿试两元者不乏人，而三元尚未见。昨会试榜发，第一名之钱棨，即乡试解元及廷对又复举首，不特科名之盛，亦觇文运之隆云）。文运风云壮，清时礼乐蕃。载咨申四义（昨策士，以爱民勤政、吏治民风、学术真伪、弼教协中四条为问），敷奏近千言。讵止求端楷（廷试对策，读卷官例于佳卷中取书写端楷者拟置前列，钱棨此卷列于第四，因其条对较诸卷谨切，特拔第一，既而开弥封视之，乃知其为会元也），所期进谠论。王曾如可继，违弼我心存。"乾隆四十六年（1781 年）的殿试，连中三元者为钱棨，即乡试解元，会试会元，殿试状元，且为清开国一百四十年以来第一次，"文运风云壮，清时礼乐蕃"。《资治通鉴》曰"礼乐所由起，积德百年而后可兴也"，即礼乐百年而后兴，预示清王朝已进入礼乐全盛期了。策对为爱民勤政、吏治民风、学术真伪、弼教协中四问，而钱棨条对谨切，故特拔第一。

太和殿传胪虽然只是短暂的瞬间，但作为国家最高等级的宫殿，因其是国家礼制的象征，由此产生的社会影响力是巨大而无法估量的。第一，对考中进士者来说，这无疑是人生的荣耀时刻，是国家对自身学识的肯定，"得志，泽加于民"，打开了一扇实现人生抱负的大门。第二，对国家来说，太和殿考试是一场抡才大典，要走进太和殿参加国家最高等级的考试，必须通过层层选拔，其人才往往有瑰玮绝特者错列其中，是中华文化昌盛的保证。第三，有利于传承文脉，考试内容为儒家经典，而儒家经典乃中华文明之根基，有科举考试，则“天之未丧斯文也”。第四，促进社会兴办学堂，普及教育，公学、私塾遍布县城乡村，“自行束脩以上，吾未尝无诲焉”，渴求知识，尊师重道，蔚然成风。第五，崇尚文化成为全社会的追求目标，一种优雅的文化应运而生。不知《诗》，无以言；不知礼，无以立。风雅颂、乐府、唐诗宋词，极大地塑造了中华民族的性格和气质。第六，带动社会风气的转变，温良恭俭让、仁义礼智信，成为遵行的道德准则，人人温文尔雅、彬彬有礼，守望相助、出入相友、疾病相扶持。第七，读书人的理想是通过学习成为君子，“君子之仕也，行其义也”，读书考试入仕，是为了践行心中的道义；“中立而不倚”，保持中立不偏不倚。

唐代刘蕡参加太和二年（828 年）的制科考试，面对宦官专权、百姓疾苦，奋笔疾书曰：“臣诚不佞，有匡国致君之术，无位而不得行；有犯颜敢谏之心，无路而不得进。但怀愤郁抑，思有时而一发耳。……臣以为陛下宜先忧者，宫闱将变，社稷将危，天下将倾，四海将乱。此四者，国家已然之兆，故臣谓圣虑宜先及之。……陛下何不听朝之余，时御便殿，召当世贤相与旧德老臣，访持变扶危之谋，求定倾救乱之术。塞阴邪之路，屏亵狎之臣，制侵陵迫胁之心，复门户扫除之役，戒其所宜戒，忧其所宜忧。……臣闻晁错为汉画削诸侯之策，非不知祸之将至也。忠臣之心，壮夫之节，苟利社稷，死无悔焉。今臣非不知言发而祸应，计行而身戮，盖所以痛社稷之危，哀生人之困，岂忍姑息时忌，窃陛下一命之宠哉？昔龙逢死而启殷，比干死而启周，韩非死而启汉，陈蕃死而启魏。今臣之来也，有司或不敢荐臣之言，陛下又无以察臣之心，退必受戮于权臣之手。臣幸得从四子于地下，固臣之愿也。所不知杀臣者，臣死之后，将孰为启之哉？至于人主之阙，政教之疵，前日之弊，臣既言之矣。……伏惟陛下事天地以教人敬，奉宗庙以教人孝，养高年以教人悌长，字百姓以教人慈幼，调元气以煦育，扇大和以仁寿，可以消摇无为，垂拱成化。”[①] 刘蕡博学善属文，置生死于度外，秉笔直书，疾恶如仇，指斥宦官乱政误国，痛陈兴利除弊之法。《孟子》载：“王子垫问曰：‘士何事？’孟子曰：‘尚志。’曰：‘何谓尚志？’曰：‘仁义而已矣。’”正是科举考试选拔了这样的一群士人，居仁由义，坚守正义，敢于直言，才极大地推动了古代中国文明的进步。

---

① ［后晋］刘昫等撰：《旧唐书》卷一九〇下，中华书局 1975 年版，第 5065—5077 页。

第六章 大禹治水与颐和轩空间布局

大禹治水，在历史上影响深远，奠定了古代中国疆域的大体轮廓。所谓宅兹中国，是大禹打下的基础，同时也说明大禹有大德，如孟子所言“当尧之时，天下犹未平。洪水横流，泛滥于天下；草木畅茂，禽兽繁殖，五谷不登；禽兽逼人，兽蹄鸟迹之道交于中国。尧独忧之，举舜而敷治焉。舜使益掌火，益烈山泽而焚之，禽兽逃匿。禹疏九河，瀹济、漯，而注诸海；决汝、汉，排淮、泗，而注之江。然后中国可得而食也”，故《史记》称“尧虽贤，兴事业不成，得禹而九州宁”，又说：“唯禹之功为大，披九山，通九泽，决九河，定九州，各以其职来贡，不失厥宜。”禹创建了一个使万民安居乐业的家园，故受到历代敬仰。乾隆下令雕琢的《大禹治水图》玉山，陈设于乐寿堂北间，并于颐和轩开辟了三不朽空间，无疑是对大禹治水功绩的赞美，同时也是对自己平定准噶尔和回部叛乱的肯定。通过《大禹治水图》玉山，乾隆的功绩与大禹的功绩联系在了一起。

一、一座《大禹治水图》玉山

在紫禁城宁寿宫区，有两座一前一后排列的建筑，即乐寿堂和颐和轩，中间以甬道相连。乐寿堂明间分南北厅，南厅中设宝座屏风，地平前东西设两座玉雕，即雕云龙玉瓮和丹台春晓玉山，北厅中间设《大禹治水图》玉山。

《大禹治水图》玉山

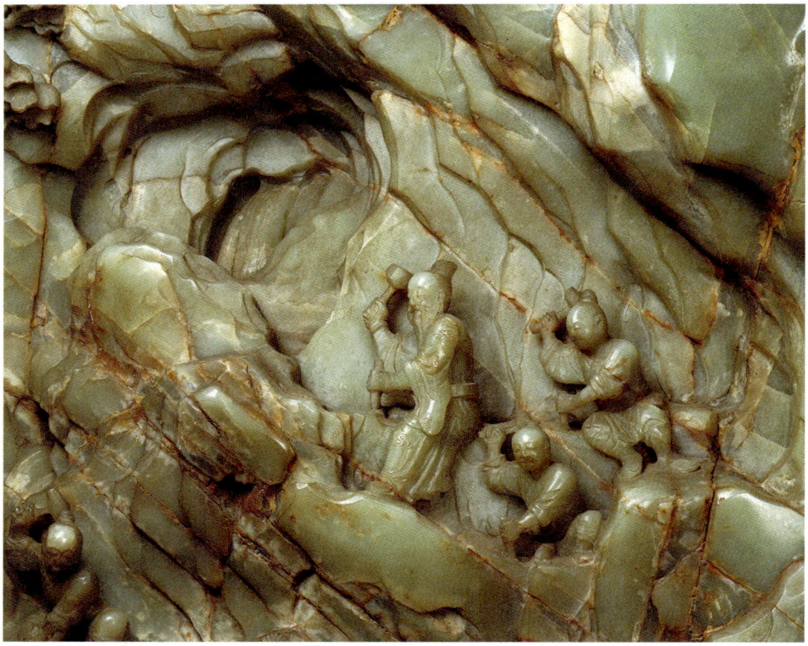

大禹开山形象

《大禹治水图》玉山高约 224 厘米，宽约 96 厘米，底座高约 60 厘米，重达九千斤，根据内府所藏《大禹开山图》内容雕琢而成。玉山朝北门的一面为正面，与颐和轩宝座正对。玉山如一座耸立的万仞高山，深谷沟壑，陡壁悬崖，令人胆战心惊。强烈的视觉冲击，更彰显了开山的难度。玉山雕刻了约十个开山场景，从右下方往上计有举镐刨挖、撬和拉拽巨石、拽铁链舞球撞石、拽铁链舞杵击石、利用木架支撑悠动方柱撞石、活动式机械杠杆砸石、抡大锤击石、大禹挥锤敲石、天神撬石等。烧山使石崩裂以便开山的场面被巧妙地布置于山顶，益掌火焚山，山顶火光冲天，鹿、猴、蛇、猪等兽奔突逃匿。大禹劳身焦思，恪尽职守，奔走于大山河湖之间，三过家门不入。玉山中的大禹亲自开山，右手挥舞铁锤击打左手所握住的锤钎，为一位劳动者的形象。大禹所处的位置约为玉山正面的三分之二处，与山巅呈一直线，大禹斜上方为开山的天神。

正面中部山石处刻有乾隆阴文篆书“五福五代堂古稀天子宝”玺文。背面上部阴刻乾隆长篇题跋《题密勒塔山玉大禹治水图》，其中有御制诗一首，诗中曰：“画图岁久或湮灭，重器

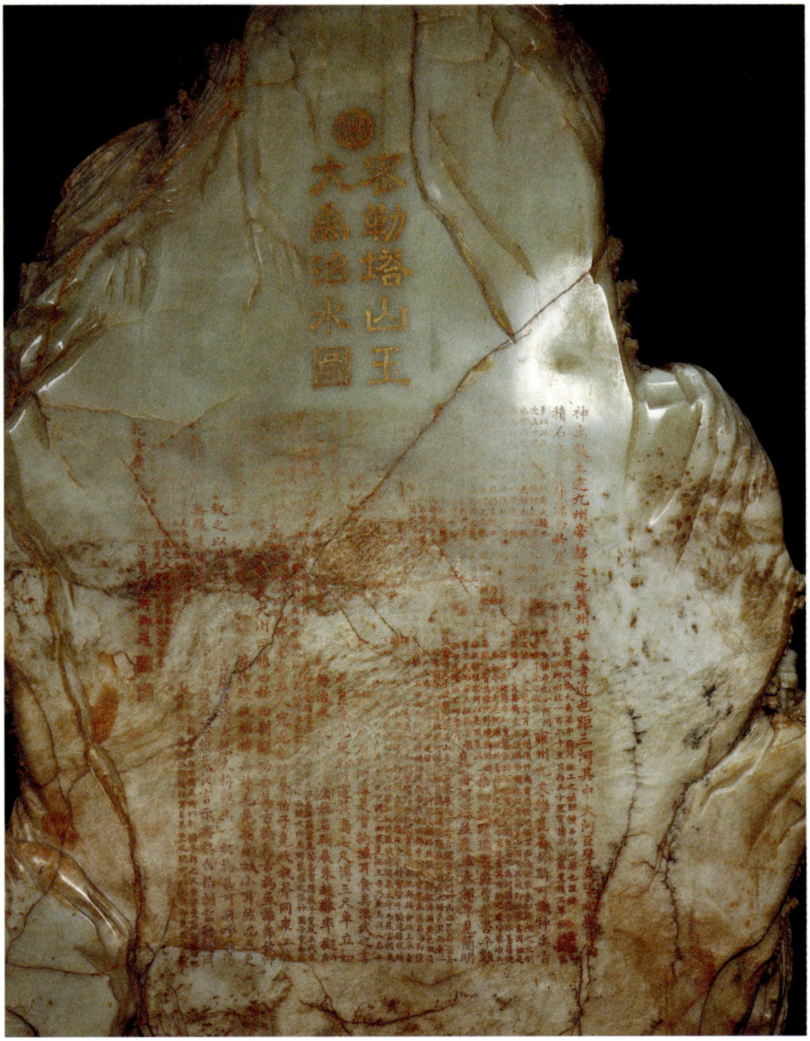

《大禹治水图》玉山背面刻《题密勒塔山玉大禹治水图》

千秋难败毁。”点明《大禹治水图》玉山是一座不朽的丰碑。

玉山制作过程，档案记载：“巡视两淮盐政、内务府员外郎兼佐领加三级革职暂行留任徵，为移会事，乾隆四十六年闰五月初七日，准贵处移会，内开乾隆四十六年二月初十日，将九千斤大玉一块，画得大禹开山图纸样，正背左右四张，具奏。奉旨：‘九千斤大玉准做《大禹开山图》样式，将内里收贮《大禹开山图》发交舒，著贾铨照图式样在大玉上临画，准时发往扬州，交图明阿成做’。钦此。”“……乾隆四十六年二月廿七日，将拨得《大禹开山图》玉山蜡样，随纸画样四张呈览。奉旨：‘准交两淮盐政图明阿照此蜡样做法，纸样大小成做。其座子照玉形配做铸料铜座。其大玉上所画钻心，照依大小并照纸样所贴深浅尺寸数目打取钻心，俟打得时，即送京呈览。’钦此。”“……奉发蜡样，恐日久熔化，故照发到蜡样刻成木样一座，咨送贵处呈览，敬谨办理在案。”[①]

将从于阗运到的一块重约九千斤大玉按内府所收藏的《大禹开山图》图样制作玉山，发往扬州建隆寺成做，由两淮盐政图明阿负责。贾全画玉山四面样稿四张，造办处拨得大禹开山图玉山蜡样一件，为预防天热熔化，又做得木样一件。

“(乾隆五十二年三月)十三日，员外郎五德大达色库掌金江笔帖式福海来说，太监鄂鲁里传旨：苏州现做玉兰亭记山子陈设一件为何至今还未做得？两淮大禹开山尚且做得，在途解

① 徐启宪、周南泉：《〈大禹治水图〉玉山》，《故宫博物院院刊》1980年第4期。

送来京，着传与舒寄信催问，钦此。”①

“（乾隆五十二年四月）十九日，太监鄂鲁里传旨：两淮成做大禹开山业经奏过做得，至今未见送到。着舒文向伊家人问明回奏，钦此。于二十日奴才舒文谨奏，为遵旨传问，据两淮盐政徵瑞坐京家人周祥声称，大禹开山陈设一件，已经做得，现在光亮，于六月内始能下船，由水路运解交，约于八月间方可到京等语。奴才又诘问该家人周祥，你主儿活计成数折子上已奏报，正月内光亮，为何至今尚未光得，六月内始能下船。据称系问得跪折差并进贡来京家人所说是实，为此谨奏，缮写折片交太监鄂鲁里具奏，奉旨：知道了。”②

六年过去了，乾隆惦记玉山，催问玉山何时能解运到京，经办理大臣家人去信询问，确定六月内下船，八月可到京。

“（乾隆五十二年四月）二十六日，员外郎五德大达色库掌金江催长舒兴笔帖式福海来说，将两淮送到大禹开山木样一座，安在奉三无私呈览，奉旨：着交舒文、伊龄阿看地方安设，其现做大玉山子俟送到时亦交舒文、伊龄阿在乾清宫、宁寿宫看准地方奏明再安，钦此（于四月□□日将大禹开山木样一座安设在淡泊宁静讫）。于八月二十五日员外郎同德等交来折片一件，内开奴才伊龄阿、舒文谨奏为奏闻请旨事，本年四月二十六日奉旨两淮现做大禹开山俟送到时交伊龄阿、舒文在乾清宫、

① 中国第一历史档案馆、香港中文大学文物馆合编：《清宫内务府造办处档案总汇》第 50 册，人民出版社 2005 年版，第 40 页。

② 中国第一历史档案馆、香港中文大学文物馆合编：《清宫内务府造办处档案总汇》第 50 册，人民出版社 2005 年版，第 50 页。

宁寿宫看准地方奏明安设，钦此。今据两淮盐政徵瑞于八月十六日送到大禹开山陈设一件，连座通高一丈六寸，奴才等即督同造办处官员前往乾清宫、宁寿宫等处，量其分位大小，详细斟酌，以期如式。谨拟得：乾清宫西暖阁对如意门陈设，并拟请宁寿宫东暖阁现安玉瓮分位换安，如蒙允，准其玉瓮拟陈设乐寿堂西梢间。再拟得乐寿堂向北现安西洋水法一统万年青分位换安。又拟得颐和轩西次间雕龙柜分中安设，计踏勘得应行陈设地方五处，谨画得地盘纸样五张，一并粘签恭呈御览，伏祈圣主训示遵办，为此谨奏等因。于八月二十日交太监鄂鲁里转奏，奉旨：准在西洋水法一统万年青分位安设，钦此。”[1]

在玉山到京之前，内务府已开始着手筹划陈设之地。将先送到的木样一座安在奉三无私呈览。乾隆先是让舒文、伊龄阿在乾清宫、宁寿宫看准地方奏明后再安设。八月十六日，玉山送到后，舒文、伊龄阿随即到乾清宫和宁寿宫各处进行踏勘，拟了几个方案：一是乾清宫西暖阁如意门，二是宁寿宫东暖阁现安玉瓮处，三是乐寿堂西梢间，四是乐寿堂北厅现安西洋水法一统万年青处，五是颐和轩西次间雕龙柜分中处。八月二十日，乾隆下令将《大禹治水图》玉山安设于乐寿堂北厅中央。

“（乾隆五十二年十二月）二十日，接得郎中保成押帖一件，内开十一月二十日懋勤殿交宁寿宫白玉大禹治水图（山子上御笔本文二张，其本文现贴原处），传旨：交启祥宫照本文

① 中国第一历史档案馆、香港中文大学文物馆合编：《清宫内务府造办处档案总汇》第 50 册，人民出版社 2005 年版，第 52 页。

刻，钦此。”[①]

玉山安设好后，乾隆撰写《题密勒塔山玉大禹治水图》一文，下令交如意馆刻于玉山背面。

“（乾隆五十三年五月）初四日，接得郎中保成呈明稿一件，内开为呈明行用踏朵事，于乾隆五十二年九月内两淮送到《大禹治水图》玉山子一座安宁寿宫乐寿堂陈设。于乾隆五十三年正月二十五日，太监鄂鲁里传旨：着如意馆朱永泰刻字，钦此。今为刻做《大禹治水图》玉山子一座，高九尺五寸，刻做不能得力，须用踏朵一座，方能刻做，理合呈明堂台批示。交活计房转交该作成做踏朵一座应用，俟活计完时交造办处钱粮库，另录尺寸单粘后，一并呈阅等因回明。兵部右侍郎伊龄阿、御前大臣内大臣福长安准行，遵此。内务府大臣舒文、总管福克精额花尚阿准行记此。踏朵一座，通高四尺，宽三尺，板厚一寸，每凳高一尺。”[②]

乾隆《题密勒塔山玉大禹治水图》一文由如意馆朱永泰刻字，因玉山高大，须用踏朵一座呈明上报，经上级批准，做得踏朵一座。

至此，乐寿堂明间已安设有三件大型玉雕，南厅安设的是丹台春晓玉山和雕云龙玉瓮。丹台春晓玉山原名南山积翠，出自《诗经·天保》“如南山之寿，不骞不崩。如松柏之茂，

---

① 中国第一历史档案馆、香港中文大学文物馆合编：《清宫内务府造办处档案总汇》第50册，人民出版社2005年版，第211页。

② 中国第一历史档案馆、香港中文大学文物馆合编：《清宫内务府造办处档案总汇》第50册，人民出版社2005年版，第639页。

无不尔或承”，象征长寿；雕云龙玉瓮象征福海，二者喻寿山福海，与乐寿堂义相符，即“知者乐水，仁者乐山，知者动，仁者静，知者乐，仁者寿”。但北厅所设《大禹治水图》玉山，似乎与乐寿之义不符，因为《大禹治水图》玉山是在展示大禹治水的故事，歌颂大禹的功劳。《尚书·禹贡》记：“禹敷土，随山刊木，奠高山大川。”大禹通过疏导天下河流，以高山大河奠定界域，最终“九州攸同：四隩既宅，九山刊旅，九川涤源，九泽既陂。四海会同，六府孔修，庶土交正，底慎财赋，咸则三壤成赋。中邦锡土、姓，祗台德先，不距朕行。五百里甸服。百里赋纳总，二百里纳铚，三百里纳秸服，四百里粟，五百里米。五百里侯服。百里采，二百里男邦，三百里诸侯。五百里绥服。三百里揆文教，二百里奋武卫。五百里要服。三百里夷，二百里蔡。五百里荒服。三百里蛮，二百里流。东渐于海，西被于流沙，朔南暨声教讫于四海。禹锡玄圭，告厥成功”。九条山脉都伐木修建了道路，九条河流也疏通了，九个湖泽也都修建了堤坝，四海之内进贡的道路都畅通无阻了。水火金木土谷六府都治理得事事顺利。各处的土地按照上中下三等征收赋税，按德行赏赐给诸侯土地和姓氏。建立五服制度，国都以外的五百里称甸服，甸服以外的五百里称侯服，侯服以外的五百里称绥服，绥服以外的五百里称要服，要服以外的五百里称荒服，都规定了每服的职能，确定了与中央的疏密关系。土地辽阔，东方可至大海，西方可达沙漠。总之，从北到南都为声教所及。于是禹被赐予玄圭，表示大功告成。

将象征大禹告厥成功的《大禹治水图》玉山陈设于乐寿堂北厅，肯定有乾隆自己的打算，笔者认为可能有以下原因。

一是乐寿出自《论语》，在象征圣人的乐寿堂宫殿，陈设《大禹治水图》玉山理所当然。大禹是圣王，没有什么不宜。

二是乐寿堂空间高敞，从地面到天花板，高达六米。这样的空间，在紫禁城中不多，而南厅已陈设两座玉雕，北厅安放《大禹治水图》玉山合情合理。

三是与颐和轩有关系，因为《大禹治水图》玉山的正面朝向颐和轩，也就是大禹的侧身像朝向颐和轩的宝座。打开乐寿堂的北门，《大禹治水图》玉山与颐和轩宝座直线相对，乾隆坐于宝座上，他的正前方正好是《大禹治水图》玉山，大禹侧身开山的形象映入他的眼帘，这应该是乾隆向大禹致敬的地方，这才是乾隆安设玉山于此的目的。

追慕三代圣王，实现三代圣王那样的伟业是乾隆的理想。乾隆在向大禹致敬的同时，是否也展现了他自己的丰功伟业呢？在回答这个问题之前，我们先解读一下刻在玉山上的乾隆《题密勒塔山玉大禹治水图》一文到底要告诉我们的是什么。

二、乾隆对黄河源头的考证

乾隆在《题密勒塔山玉大禹治水图》一文中，重点且专门地讲到了黄河源头的问题，称黄河起源于昆仑，大禹时就已确定。

乾隆首先引注家之言《尚书》中所称“导河积石”作为自己立论的依据，“导河积石”是指大禹治黄河时施工开始的地点，并非指黄河的源头。又根据康熙《御纂书经》所记，积石在河州北一百二十里，其西五十里有积石关，唐置积石军于此的记载，指出今河州在甘肃境内，故大禹不可能把积石当作黄河的源头。把“导河积石”当作黄河的源头的论断是古人限于当时自己所处的疆域，不过是拘墟之见，道听途说未经核实之论。

那么，为何说昆仑是黄河的发源地在大禹时就已确定了呢？

笔者仔细阅读《尚书·禹贡》（全文见附①）和《题密勒塔山玉大禹治水图》（全文见附②）一文，穷原究理，把乾隆的考证一一梳理明晰如下。

第一，“织皮”是突破口。织皮，《尚书注疏》注曰：“贡四兽之皮织金罽。”指用熊、罴、狐、狸四兽的皮毛制作的毛织品，孙炎认为罽织毛而言皮者，毛附于皮，故以皮表毛耳。《尚书注疏》中唐代孔颖达疏曰：“《正义》曰：四国皆衣皮毛，故以‘织皮’冠之。传言织皮毛布有此四国，昆仑也、析支也、渠也、搜也，四国皆是戎狄也。末以西戎总之，此戎在‘荒服之外，流沙之内’。《牧誓》云武王伐纣，有羌、髳从之。此是羌、髳之属，禹皆就次叙。美禹之功远及戎狄，故记之也。郑玄云：衣皮之民居此昆仑、析支、渠搜三山之野者，皆西戎也。王肃云：昆仑在临羌西，析支在河关西。西戎，西域也。王肃不言渠、搜，郑并渠、搜为一，孔传不明，或亦以渠、搜为一，通西戎为四也。郑以昆仑为山，谓别有昆仑之山，非河所出者也。所以孔意或是地名国号，不必为山也。”[①]《正义》认为“织皮”冠之“昆仑析支渠搜”前，则昆仑、析支、渠、搜为四国，为戎狄国名，故末以西戎概括。郑玄认为织皮衣的百姓居住在昆仑、析支和渠搜三山，皆为西戎之地。郑玄所言昆仑山非黄河所出之处。

按《尚书·禹贡》所记，织皮，指兽毛织成的毛布或毛衣，为梁州、雍州的贡物。西倾：雍州之山。即叙、析支、渠搜：西戎部落名。在《尚书·禹贡》中，织皮出现过两次。一次是《梁州章》“厥贡璆、铁、银、镂、砮、磬、熊、罴、狐、狸、织皮。西倾因桓是来。浮于潜，逾于沔，入于渭，乱于河”。翻译成现代汉语为：那里的贡物美玉、铁、银、钢铁、作箭镞的石头、磬、熊、马熊、狐狸、野猫、织皮，和西倾山的贡物沿着桓水而来。进贡的船只行于潜水，然后离船上岸陆行，再进入沔水，进到渭水，最后横渡渭水到达黄河。这里的“织皮”是贡物的一种，为毛织品。

另一次是《雍州章》“厥贡惟球、琳、琅玕。浮于积石，至于龙门、西河，会于渭汭。织皮昆仑、析支、渠搜，西戎即叙”。翻译成现代汉语为：那里的贡物是美玉、宝石和珠宝。进贡的船只从积石山附近的黄河，行到龙门、西河，与从渭河逆流而上的船只会合在渭河以北。织皮的人民定居在昆仑、析

① ［汉］孔安国传，［唐］孔颖达疏：《尚书注疏》卷六，清文渊阁四库全书本。

支、渠搜三座山下，西戎各族就安定顺从了。这里的“织皮”亦指毛织品。

宋代毛晃《禹贡指南》曰织皮上疑脱去“厥篚”二字，而乾隆称非也。乾隆认同胡渭的看法。清初胡渭《禹贡锥指》认为《雍州章》是错简，即排错行了，“织皮”应在“琅玕”之后，“浮于积石”之前，即“厥贡惟球、琳、琅玕、织皮。浮于积石，至于龙门、西河，会于渭汭。昆仑、析支、渠搜，西戎即叙”，如此就与《梁州章》的贡物品类相呼应了。

第二，乾隆故称胡渭之说颇为畅晰，但还有一点没有说到，乾隆根据《尚书·禹贡》的行文，提出了更为大胆的想法，称“织皮二字既系错简，安知昆仑数语不亦有错简耶”。的确，“昆仑、析支、渠搜”在“西戎即叙”前，与《梁州章》不一致。《梁州章》之“西倾因桓是来”与《雍州章》“西戎即叙”是对仗一致的，故“昆仑、析支、渠搜”肯定不在“西戎即叙”前，应该也属于错简了，正确的叙述应该是“厥贡惟球、琳、琅玕、织皮。西戎即叙，浮于积石，至于龙门、西河，会于渭汭”，这样就与《梁州章》“厥贡璆、铁、银、镂、砮、磬、熊、罴、狐、狸、织皮。西倾因桓是来。浮于潜，逾于沔，入于渭，乱于河”完美对上了。在《雍州章》之后，故后面讲“导河积石”，即施工始自雍州境内的积石就有根据了，因为昆仑、析支、渠搜为雍州外境。这一点，对于乾隆的立论至关重要。“昆仑、析支、渠搜”三地就可以单独抽出来，放在合宜的段落中。

第三，“昆仑、析支、渠搜”应插入何处呢？乾隆没有明说，笔者按照乾隆之意，认为应安插在所有“导”之前，作为疏导各条河流的源头，即“昆仑、析支、渠搜，西戎即叙。导岍及岐，至于荆山，逾于河；壶口、雷首至于太岳；底柱、析城至于王屋；太行、恒山至于碣石，入于海。……导河积石，至于龙门；南至于华阴；东至于底柱；又东至于孟津；东过洛汭，至于大伾；北过降水，至于大陆；又北，播为九河，同为逆河，入于海”。翻译成现代汉语为：昆仑、析支、渠搜是各条河流的源头，大禹疏导了岍山和岐山，使水流有序，最终到达荆山……疏导黄河的工程是从积石山开始的，到达龙门山后，再向南到达华山的北面，再向东到达底柱山，又向东到达孟津，又向东经过洛水与黄河汇合的地方，到达大伾山，然后向北经过降水，到达大陆后又向北，分成九条支流，再合成一条逆河，流进大海。

按以上考证，在大禹治水之时，就已明确了黄河的源头在昆仑，只是疏导黄河的施工工程是从积石这一段开始的，如乾隆所称“施工始中国之积石，寻源在西戎之昆仑”，《尚书·禹贡》立言之旨，本自昭然。为了证明大禹到过昆仑，乾隆举《吴越春秋》“禹周行宇内，徊昆仑，察六扈”的记载以说明之。禹迹四方遍及寰内，安有不至昆仑处？只是时间悠久踪迹湮没不可考而已。

第四，乾隆举《河诗》及《河源简明语》的考证，称汉武帝派张骞出使西域，考察黄河源头，记源头多产玉石。乾隆派专使拉锡和阿弥达前往西域考察黄河源头，称鄂敦淖尔湖，水绿色，其西南有一条河名阿勒坦郭勒河，有巨石独立，此河即为黄河的上源。《汉书》记黄河有两个源头，一出葱岭，一出于阗。于阗即今和田，产玉，与阿弥达所勘察的黄河源头产玉正好相符。《史记索隐》曰："《尔雅》云：'河出昆仑墟，其色白。'《汉书·西域传》云：'河有两源，一出葱岭，一出于阗，于阗河北流，与葱岭河合，东注蒲昌海，一名盐泽。其水停居，冬夏不增减，潜行地中，南出积石为中国河。'是河源发昆仑，禹导河自积石而加功也。"[①]《大禹治水图》玉山采自于阗境内的密勒塔山，出于黄河源头的于阗分支源头，亦即乾隆在《河源诗》按语中所言昆仑在今回部中，诸水皆东注蒲昌海即盐泽，水入地伏流至青海始出，则天池诸水皆是。也就是说黄河之源出自于阗，为禹迹所至，岂能不守护好这块地方呢？

至此，笔者就可以确定"昆仑"一词在《尚书·禹贡》中的地位。《尚书·禹贡》中的昆仑不仅是在历史文献中第一次出现，而且是黄河的源头地。昆仑指的是地名，非山名。后来的《山海经》《博物志》《水经注》等书，把昆仑当作山名，称昆仑山是天下山川的发源地，可能就是由此而来的。如《山海经·海内西经》所言"海内昆仑之虚，在西北，帝之下都。……河水出东北隅，以行其北，西南又入渤海，又出海外，即西而北，入禹所导积石山"。

第五，乾隆称自己筹办回疆事务，以抚绥安辑、整饬怀柔为本，于黄河的源头获此巨珍，是为了传古王圣迹，即诗中

① [汉]司马迁：《史记》卷二，中华书局2020年版，第89页。

所言："功垂万古德万古，为鱼谁弗钦仰视。画图岁久或湮灭，重器千秋难败毁。"雕琢《大禹治水图》玉山，是为了景仰大禹的功德，将大禹勘定黄河的源头永志于此。

对于乾隆设《大禹治水图》玉山的目的，词臣谢墉在抄录《题密勒塔山玉大禹治水图》后，在题跋中也给予了说明[1]，曰：

> 臣窃惟天下之理，必溯流而后达源，必穷源而后可以竟委。禹之治水，溯流以达源也。皇上之论河，穷源以竟委也。臣恭读御制《河源诗》河源按语，复恭读御制《读宋史河渠志》《河源简明语》，因得昭然知：河出昆仑之为定论。而星宿河西南一河，译为黄金河，即黄河上源。自非皇上德威远鬯，西域数万里咸隶版图，而何以得疏通证明之。若是自昆仑之地，称为西王母所居，帝之下都。阆风元圃，玉扉金堂，纪载神奇，不可殚述，以令视之，皆回部地耳。夫自古称玉出昆仑，若玉策枝斯之，见《穆王传》，玉膏瑾瑜之，见《山海经》。儒者率以为荒诞，而未之信也。我皇上抚其地，得其玉，即其所贡之玉琢为《大禹治水图》。三复天章载诵，注语确然。知积石之非河源也，伏流之至青海也。三伏三见之说，即明一曲一直之文，可证矣。因是思密山之玉，其源浑浑泡

① 张震：《德昭赐瑞：试论乾隆内府巨型玉器的制作与收藏　以〈大禹治水图〉玉山为中心》，《新美术》2021年第5期。

泡，沸沸汤汤者，即今和阗密勒塔山地也。大禹以平水土赐圭而告功，皇上以靖边疆刻玉而昭德，圣人之道岂不若合符节也哉！

意思是：天下之理，在于穷源竟委。大禹治水是溯流而上，找到源头。乾隆论河亦是如此。谢墉称他读了乾隆的《河源诗》河源按语和《读宋史河渠志》《河源简明语》，才知黄河发源于昆仑是定论。星宿河西南的黄金河即是黄河上源。称要不是皇上的德威远扬，万里一统，又怎么能去疏通并证明呢？神话传说中的西王母居住地昆仑山，阆风悬圃，玉扉金堂，记载很神奇，但却与玉有关，显然昆仑在回部地方。自古都称玉产自昆仑，《穆王传》记周穆王在悬圃得到了美玉玉策枝斯，《山海经》记峚山其中多白玉。儒生大都觉得荒诞，不相信这些。但乾隆却在西域得到了玉，印证了书中的记载，并用其玉雕琢了《大禹治水图》玉山。谢墉称他反复诵读乾隆的文章和注释，才知道了积石不是黄河的源头。黄金河伏流至青海，有三伏三见的说法。由此想到密山的玉，其源头浑浑泡泡、沸沸扬扬，就是如今的和阗密勒塔山之地。大禹因治理水土被赐圭来宣告功绩，皇上因安定边疆刻玉来彰显仁德，圣人的道理难道不是契合一致的吗？

乾隆用《大禹治水图》玉山和《题密勒塔山玉大禹治水图》一文，以形象工程和文理考证相结合的方式发掘和弘扬了大禹治水的功德，使自己的实践得以与圣王大禹治水联系在一起，唤醒了传统记忆，沟通了千年文脉。

三、《西师诗》的记录与《开惑论》的思考

谢墉称“大禹以平水土赐圭而告功，皇上以靖边疆刻玉而昭德，圣人之道岂不若合符节也哉”，《大禹治水图》玉山陈设于乐寿堂北厅，象征大禹治水厥功告成，而乾隆安边绥远的伟业又在哪儿呢？就在《大禹治水图》玉山正对面的颐和轩。

颐和轩七开间，明间占五间，明间与东西梢间以木板墙相隔，明间分为南北二厅，以槛窗和槅扇门相隔。南厅据陈设档记载：“颐和轩明殿设紫檀地平壹分（上铺绣五彩黄毡一块，此款于光绪三年十月初四日，敬事房首领景进禄传要，于初七日，总管范长禄口传旨，出帐），紫檀镶玻璃三屏风壹座（此款于咸丰九年九月二十九日，敬事房传旨要进，咸丰十一年四

颐和轩

月十一日，呈明出帐），紫檀边镶黄杨木心宝座壹座（上铺此五款于咸丰九年十一月十八日，敬事房传旨要进）。左右设画鸾翎扇壹对（紫檀杆座，此款于咸丰九年十一月十八日，敬事房传旨要进，于咸丰十一年四月十一日，呈明出帐。此款于同治十一年八月十二日，据敬事房首领陈泰和传要，当即交进。于同治十二年三月二十八日，据敬事房首领张吉祥口传出帐）。左右设铜掐丝珐琅甪端壹对（紫檀香几座）、铜掐丝珐琅垂恩香筒壹对（紫檀座）。”[1] 明殿即明间，原陈设有紫檀木地平、紫檀镶玻璃三屏风、紫檀边镶黄杨木心宝座，宝座左右设画鸾翎扇、铜掐丝珐琅甪端、垂恩香筒各一对。

东西板墙上刻乾隆平定西域叛乱的诗文，东板墙刻乾隆二十三年（1758 年）《西师诗》，西板墙刻乾隆二十四年（1759 年）《开惑论》（全文见附③）。乾隆一方面用诗文述说平定回疆叛乱的战事经过，对战事进行总结，注重史实；另一方面又站在正义的高度，对平叛给予肯定，西师乃是王道之师，是替天行道，非因开拓疆域而穷兵黩武。

东西板墙分上下两部分，下部分为龟背纹的槛窗，上部分为雕刻于木板上的诗文，镶楠木边框。东板墙刻《西师诗》曰：

西师历四载，王臣久于役。
谁无室家心，而能忘契阔。

① 《颐和轩陈设档》（陈 527，光绪年抄本），故宫博物院藏。

颐和轩东板墙《西师诗》

始缘趁机动，操刀乃必割。
终以阻远艰，举碁忌屡易。
欲罢又未能，永言志颠末。
皇祖征朔漠，即此厄鲁特。
三番整六师，狼群始窘迫。
策妄退守巢，于以延喙息。
取馘索贼子，惟命无敢逆。
厥后渐滋饶，遂复劫西域。

诗开头以情动人，虽然是平叛，但四年的战事，涉及千家万户，给家庭带来的生死离别之痛，是难以愈合的。战事贵在抓住时机，才能一举歼敌，不怕路远山高，切忌举棋不定。叛乱虽然已经平息，但却欲罢不能，故以诗记录平定准噶尔的前后始末，以昭示天下。①

明末，蒙古族按其活动地域分为漠南蒙古、漠北喀尔喀蒙古和漠西厄鲁特蒙古，其中厄鲁特蒙古分为准噶尔、和硕特、土尔扈特、杜尔伯特四部。在蒙古各部中，以准噶尔势力最为强大，盘踞于天山南北，向东进犯喀尔喀蒙古和漠南蒙古，直接威胁到清王朝的统治。为确保边疆安宁，康熙二十九年（1690 年）至三十五年（1696 年），康熙三次亲征噶尔丹，最后一次亲征，清军在昭莫多大败噶尔丹。噶尔丹从此一蹶不振。

策妄阿拉布坦是原准噶尔首领僧格的长子，噶尔丹是僧格的弟弟，二人是叔侄关系。僧格被暗杀后，噶尔丹当上了准噶尔首领，而策妄阿拉布坦却没有。策妄阿拉布坦虽依附噶尔丹，但并非一心，在噶尔丹出兵喀尔喀蒙古时，策妄阿拉布坦率部趁机占领准噶尔土地，切断了噶尔丹的西归之路。噶尔丹服毒身亡后，策妄阿拉布坦出于对清廷的畏威怀德，献出了噶尔丹尸首，且不敢收容其子。策妄阿拉布坦鼠伏一隅，势力强大后，伺机派大策凌敦多布率军攻占西藏，杀拉藏汗，大肆劫掠。

① 清朝平定准噶尔部、统一回疆过程，见戴逸：《乾隆帝及其时代》，中国人民大学出版社 2008 年版，第 158—207 页；唐文基、罗庆泗：《乾隆传》，人民出版社 2003 年版，第 177—218 页；周远廉：《乾隆皇帝大传》，陕西人民出版社 2008 年版，第 321—392 页。

终康熙年间，盖未止兵革。
皇考阐前猷，思一劳永逸。
两路命大举，帑藏非所惜。
究因时弗辏，胜败互轩轾。

虽然清军把大策凌敦多布从西藏赶走了，并进军准噶尔，一度占领乌鲁木齐，但因康熙的去世而作罢，所以康熙时候并没有从根本上消除准噶尔叛乱。雍正元年（1723年），罗卜藏丹津于青海发动叛乱，败北后逃往准噶尔，被策妄阿拉布坦接纳，准噶尔拒绝向清廷交出其人。雍正五年（1727年），策妄阿拉布坦去世，噶尔丹策零继位，与清廷矛盾更加公开化。雍正遂发两路大军征讨噶尔丹策零，意欲一劳永逸，永远消除西北战事，但终究时运不济，指挥失当，没有及时把握战机，使噶尔丹策零数次逃脱，又劳师糜资，收效不大，最终同意了噶尔丹策零的议和。

曰予守成训，罢兵事安戢。
稔知贼所恃，其长有二术。
一曰激我怒，劳我众远出。
彼乃邀近功，坐绌我物力。
一曰窥我边，列堠疲戍卒。
戍久心或懈，彼乃逞陵轶。
知然明告彼，以主待其客。
远兵既罢征，远戍亦罢拨。

近边汝或伺，汝远劳竭蹶。
噶尔丹策凌，闻言乃计诎。
得失故晓然，求和使来亟。
来亦弗之拒，厚往示恩泽。
如是终彼身，无事皆宁谧。
其子曰阿占，暴虐莫可诘。
用是失众心，相延为篡夺。
喇嘛达尔济，戕彼位自袭。
达瓦齐攘之，计盖由撒纳。
绰罗斯汗族，达瓦齐一脉。
阿睦尔撒纳，辉特别枝叶。
时虑众鲜从，以此缀旒设。
终不忘伊犁，煽乱事狡谲。
达瓦齐弗甘，兵连祸相结。
惟时三策凌，避祸来投阙。
撒纳旋亦归，宠遇厕班列。
熟筹如许众，杂居喀尔喀。
如狼入羊群，几不遭咥啮。
就其力请师，毋宁授之钺。

乾隆说自己信守成训，罢兵宁息以求安宁。但叛逆擅长两种诡计：一曰激我怒，促使我劳师远征，而物资供应路途遥远，又会遭到叛逆伏击，终使征伐半途而废，而叛逆却可以劫取战争物资，切断我军补给，从中获利；二曰窥视我境，不断地骚扰，使边兵忙于应付而成疲惫之师，致使防备松懈。乾隆对此了如指掌，明确告诉叛逆这些伎俩行不通。你来我以客人相待，如果窥视我边境，成疲惫之师的反而是你们自己。噶尔丹策零自知计绌，派使求和。厚往薄来，如能信守此道，则可以永久和平相处。噶尔丹策零死后，为争夺汗位，内部纷争。其子阿占（策妄多尔济·纳木札尔）童昏无行，肆意荒淫，失去众心，庶兄喇嘛达尔札夺取汗位。达瓦齐是卫拉特蒙古准噶尔部的首领，阿睦尔撒纳献计偷袭伊犁，杀死喇嘛达尔札，拥立达瓦齐为汗王。然而达瓦齐终日饮酒，事务皆废，内部纷争，兵祸接连不断，杜尔伯特深受其害，三策凌率部归附清王朝。阿睦尔撒纳与达瓦齐发生内讧，争权反目，战败后，率部归附清王朝。正是在这种情况下，乾隆决定分兵两路进攻准噶尔，一举平息战乱，使边疆永享太平。

国家全盛时，出帑储胥挈。
曾弗加赋徭，更未废赈恤。
八旗及索伦，劲旅多英杰。
其心尽忠笃，其技善撇捩。
那如杜甫诗，惨恻新婚别？
乙亥我出师，一矢曾未发。
五月大功成，庶以慰前烈。
而何狼子心，饱扬去飘瞥。
留语啖众狙，倡乱动戈戟。

致我二臣捐，驿路肆唐突。
群言益蜩螗，无怪懦者怯。
欲弃巴里坤，坚志斥其说。
整师重讨叛，所向复无敌。
一二畏首尾，乃致贼兔脱。
申命事穷追，大宛搜三窟。
于诈应以直，残喘命得乞。

乾隆称此次出兵，对百姓并未增加赋税徭役，更未停止赈恤。乾隆二十年（1755 年）二月分两路出师，五月两路军会合，一矢未发，达瓦齐和罗卜藏丹津被擒。大军撤离伊犁后，阿睦尔撒纳狼子野心，欲成为四卫拉特的首领，在前往热河的途中叛逃。又煽诱伊犁的喇嘛和回人叛乱，致使守卫伊犁的班第和鄂容安捐躯。而驻扎乌鲁木齐的永常惊慌畏惧，不去援助伊犁，反而退至巴里坤，陕甘总督刘统勋更是主张放弃巴里坤，退守哈密。乾隆二十一年（1756 年）二月，派兵分两路出击，三月收复伊犁。阿逆败走哈什，因策楞和玉保不和，阿逆得以逃脱。乾隆遂任命达尔党阿为定西将军，追击叛军。但因相信了阿逆的哄骗，又力阻重兵，徘徊观望，使阿逆得以橐载远扬。

宰桑勤王者，见此笑以窃。
遂生轻我心，旋师反又忽。
计赚我和起，奋勇沙场没。

兆惠全师还，则予命往接。
丁丑重问罪，值彼互残杀。
因缘撤纳归，遇我窜仓猝。
富德蹑其后，大宛徕汗血。
称臣许捕寇，寇更逃罗刹。
或曰不必追，或曰不必索。
或曰捐伊犁，筑室谋纷汨。
北荒守和议，冥诛致贼骨。
伊犁倡乱流，大半就擒讫。
初议众建侯，为抚四卫拉。
二十一昂吉，分属抡阀阅。

因阿逆从蒙古亲王额琳沁多尔济手中逃脱，乾隆迁怒于额琳沁，令其自尽。札萨克图汗所属和托辉特部首领青滚杂卜因此叛乱，这无疑给厄鲁特蒙古的再次叛乱火上浇油。当时大军已撤离伊犁，仅留兆惠带领 2000 人驻守。新封的四部汗王中，有两部已叛乱，即准噶尔汗绰罗斯汗噶勒藏多尔济和辉特汗巴雅尔。清军都统和起欲制止之，结果被杀。兆惠闻尼玛作乱，整师抗击，屡歼逆众，侍卫图伦楚率军驰援，始得解围，撤回巴里坤休整。时阿逆闻厄鲁特再次叛清，急从哈萨克窜回，自立为总台吉。此时，札那噶尔布杀死了其叔噶勒藏多尔济，欲合并其部，却被台吉达瓦所杀。阿逆乘其纷乱，派兵东进，欲与青滚杂卜叛军会合，在探知青滚杂卜被擒后，撤回了叛军。

乾隆二十二年（1757 年）三月，清军进行了第三次平准战役。以成衮札布为定边将军，兆惠为定边右副将军，率军 7000 人，分南北两路直指伊犁。攻克伊犁后，分路追击叛军，参赞大臣富德率军追击阿逆，阿逆窜入哈萨克，欲向哈萨克汗阿布赉借兵。阿布赉知清军平叛决心，誓擒贼自效，阿逆有所察觉，遂逃往俄罗斯。

准噶尔厄鲁特蒙古分为四卫拉特部，即绰罗斯、辉特、和硕特和杜尔伯特四族，各领其众，而绰罗斯为长。噶尔丹策零时设二十一昂吉，达瓦齐被擒后，于四部各封一汗，如同八旗蒙古制。

是予奉天道，好生体造物。
讵知彼孽深，历世不可活。
以其狙诈类，诚如向所画。
每岁费豢养，终亦背恩蔑。
是伤我脂膏，而育彼羽翼。
不如反之速，扫荡今将洁。
猰貐肆恶流，三氏沦亡歇。
余都尔伯特，始终守臣节。
所以至今存，耕牧安职殖。
其廿一宰桑，非诛即病殁。
不善降百殃，此理愈昭晰。
谓祸乃成福，致得每于失。
幸以免众议，孰非鸿佑锡。

设使司事者，惟明更勇决。
万全尽美善，讵有小差跌？
都大承平久，军旅谁经历。
益因警宴安，求全肯过刻。

乾隆于此用诗表达了自己的主张，遵奉天道，好生施惠，每年都会拨给经费，支持各部的生活生产开销。但那些心怀野心者背恩忘义，这项优惠政策反而使他们羽翼丰满，从而肆无忌惮，煽惑民众，挑起事端，发动叛乱。与其这样，不如一举将其歼灭，还边疆以安宁。故绰罗斯的噶勒藏多尔济、辉特汗巴雅尔、和硕特汗沙克都尔满津相继灭亡。而杜尔伯特部始终遵守约定，所以一直耕牧无忧。二十一位宰桑，心怀叵测，非死即病殁。所以不善降百殃，此理昭然。

先是花门类，杂种曰回鹘。
久属准噶尔，供役纳秷秸。
羁縻其和卓，笼络其臣妾。
我师定伊犁，乃得释缧绁。
我将纵之归，抚众许朝谒。
肉骨生死恩，感应久不辍。
报德乃以怨，转面凶谋黠。
我将所遣使，百人遇害剧。
是皆奉上命，守义遭臬兀。
苟不报其雠，何以励忠赤？

厄鲁今荡平，回部余波蕞。
徒以守坚城，未可一时拔。
贾勇诚易登，伤众非所悦。
中夜披军书，万里遥筹策。
穷荒信安用，弦上矢难遏。
志因继两朝，变岂防一切？
苍灵赖有成，浮论宁祛惑。
开边竟无已，自问多惭德。
但思文子言，解嘲守弗诗。

噶尔丹死后，策妄阿拉布坦继承汗位，重振准噶尔，派兵进攻天山南路，先后占领叶尔、喀什喀尔，将其白山派首领艾赫麦德的两个儿子布拉尼敦和霍集占拘禁，这两个人就是后来发动回部叛乱的大小和卓木。清军第一次平定准噶尔攻克伊犁后，将回民从准噶尔的奴役下解救了出来，释放了大小和卓木，二人率部归顺清军。由于清廷对回部黑山派和白山派不了解，错误地支持并允许白山派大小和卓木返回原部，授以土田，加恩赐爵，恢复统治。但二人以怨报德，转而蛊惑民众，负恩反噬，发动叛乱，将反对者原库车阿奇木鄂对的家属全部杀害。清廷派副都统阿敏道等 100 多人前往招抚，被软禁于库车。阿敏道率众步行逃出时，被叛军追上，全部将士为国捐躯。乾隆二十三年（1758 年）正月，清廷任命雅尔哈善为靖逆将军，率军南下平叛。在攻打库车时，由于主帅雅尔哈善坐失良机，致使霍集占逃脱。乾隆只得命定边将军兆惠率军火速南下，责令兆惠迅速歼灭逆贼。诗中“徒以守坚城，未可一时拔”，指兆惠率4000名士兵奔袭叶尔羌城，叶尔羌城池坚固，易守难攻，且清军人少，无法合围。此时，乾隆正深夜阅读军报，万里遥控指挥，胜利即将在望，怎能相信穷荒即逆贼们的承诺。平叛如箭在弦上，他更坚定了自己的信心，完成祖、父两代人的未竟之业，就在叶尔羌之战。诗中没有写起决定性作用的黑水之战，可以推测出此诗写于黑水之战前。不过，乾隆于结尾处写有“苍灵赖有成，浮论宁祛惑”句，为取得平叛胜利后写作《开惑论》埋下了伏笔。

《西师诗》记述了平定准噶尔叛乱和剿灭阿睦尔撒纳的过程，也就是乾隆在平叛过程中运筹于帷幄之中，决胜于千里之外的过程，他为前线将领提供诸多锦囊妙计，不断地争取到战争的主动权。特别是在决定出兵准噶尔时，在粮食料秣、后勤供应跟不上的情况下，面对突然而来的有利时机，乾隆果断采取“因粮于战”的方针。此外，对前线统帅坐失机宜、误失战机者给予严惩，及时更换指挥将军，保证了战争的正常进行并最终取得胜利。

长篇巨制《西师诗》完成后，乾隆想到了一个问题，为什么在自己提出派兵平定准噶尔叛乱时，只有一位大臣傅恒公开支持自己呢？他面临巨大压力，始终未有一丝动摇，毅然力排众议，果断出兵，平息了叛乱。乾隆对满朝大臣的浅见、浮论、畏缩，特别是满洲陋习深感惭愧和恐惧。兴兵之时，他们假持重文而退缩，反对用兵；平定西陲初告成功时，又乐于

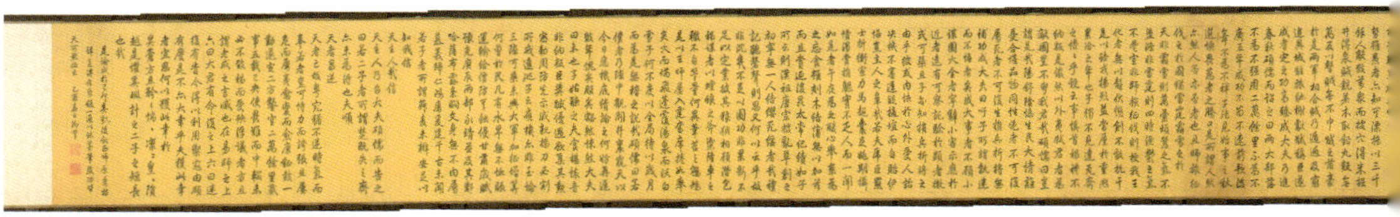

乾隆书《开惑论》

观成；出现阿睦尔撒纳负恩叛逃，则又以为究不可办；而闻伊犁宰桑悔罪擒贼，则又认为恐未必然。于是乾隆想到了汉代王褒《四子讲德论》的文章结构，仿其问答形式，写了一篇《开惑论》，文中虚构了三方，信天主人代表决策果断的乾隆本人，臻成大夫代表有卓识的大臣傅恒，春秋硕儒代表循规蹈矩的读书人。读书人重于浮论，言语中处处以圣人之言为立论而振振有词，却不知时务，容易坐失机宜。春秋硕儒是被开导的对象。先是臻成大夫开导春秋硕儒，最后是信天主人的申大义以折中之，颇有中庸之德。为何开导一位读书人呢？就是要改变传统的儒家治道观念即“天子有道，守在四夷”的所谓“德服天下”。

乾隆于《开惑论》首称平定叛乱时，很多决策都是在午夜决定的，檄文往来于千里之外，语言不通，风俗迥异，安能人人而告之以祛其疑？故事以问明，理以答晰，因仿四子讲德之遗意作《开惑论》如下。

春秋硕儒是一位尊古卑今、循规蹈矩、喜欢宽衣博带的儒生，如鲁国的儒生；又憎恶阿谀奉承或圆滑不讲原则，又如楚国的公子。他听到信天主人出兵西域平叛，虽不敢面折是非，但心里有想法。既而定伊犁，俘逆酋，成旧志，辟新疆，兵不血刃而归马于华山之阳。于是乃造访臻成大夫，说出了他的第

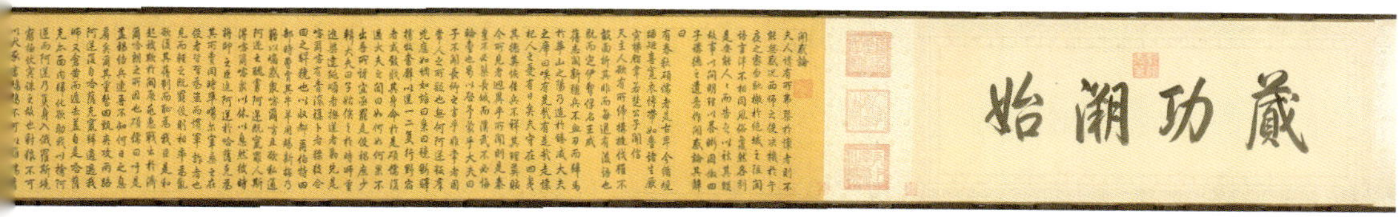

一个疑问，也是最重要的一个疑问：“夫守在四夷，其德莫恢。佳兵不祥，其理莫赅。今所见者迥异乎所闻，则是秦皇不必筑长城而汉武不必悔轮台也。曷以启予蒙乎？”守在四夷，出自《左传·昭公二十三年》“古者天子守在四夷；天子卑，守在诸侯”，杜预注“德及远”，会笺“亦言其和柔四夷以为诸夏之卫也”。《淮南子·泰族训》曰：“天子得道，守在四夷。”四夷，指四方各族。意谓天下有道，则四方各族都为天子守卫疆土。秦始皇不必筑长城而汉武帝不必悔轮台，秦始皇为了防御外敌，修筑长城；汉武帝为了开发边疆，下令轮台屯田，这两项军事和经济政策，被读书人认为是巨大劳力和资源消耗，故汉武帝晚年悔而下轮台诏。所以春秋硕儒称：天子推行仁德，则四方和平相处，用不着修筑长城和轮台屯田，更用不着发兵征讨，我今天所见到的与我所听到的不一样，违背了“天子得道，守在四夷”的圣训。

这一问，既尖锐，又有道理，《论语》载：“子贡问政，子曰：‘足食，足兵，民信之矣。’子贡曰：‘必不得已而去，于斯三者何先？’曰：‘去兵。’”在有足够的粮食、足够的军队和民众信任朝廷三个方面做选择，孔子主张首先去掉的是军队。《中庸》进一步解释曰：“送往迎来，嘉善而矜不能，所以柔远人也。继绝世，举废国，治乱持危，朝聘以时，厚往而薄来，所以怀诸侯也。”要柔远人，怀诸侯，嘉善而矜不能，厚往而薄来。《中庸》又曰：“柔远人则四方归之，怀诸侯则天下畏之。”对远方之人不以武力征服，而是怀之以德。这就是传统中央王朝对待四夷的思想观念，是坚定而不可动摇的。

针对春秋硕儒的问题，臻成大夫回答曰：“子不闻长卿之言乎？非常者固常人之所疑也。无何，阿逆叛，群凶应。如蜩如螗，曰枭曰獍。断驿掳牧，奋臂以逞。”长卿，指司马相如。《史记·司马相如列传》载：“盖世必有非常之人，然后有非常之事；有非常之事，然后有非常之功。非常者，固常人之所异也。”叛逆阿睦尔撒纳不知感恩，四处煽动，群凶相应，如蜩如螗，曰枭曰獍，贼势凶猛，断台肆掠，道路为梗，边境不宁，生灵涂炭。在我军追击下，阿逆屡次使用诡计缓师，得以逃脱，并一再煽惑民众，窜迹哈萨克。哈萨克深知阿逆反复，欲擒贼表功。逆势益蹙，率残余投奔俄罗斯，不久病亡。对于这样不知感化的凶残逆贼，只能严惩，所谓“豺狼不可以犬豕蓄，鸱鸮不可以鸡鸭育”，惟翦刈灰灭之而已，更不可以仁义化迁。姑息了事，则残贼为奸，满福遇难，皆因此，故有“犹雷霆霜雪之于天，非霜雪则万汇烦嚣之气不荡涤，非雷霆则四时湮郁之气不邕宣”之言。平定准噶尔叛乱之后，释放被囚禁的大小和卓木回归故里，但二人不知感恩，助阿逆叛乱，并占据喀什噶尔、叶尔羌等地。小和卓霍集占杀死清军副都统阿敏道，举兵自立。清廷兴师问罪，特别是黑水之战，屡获神应，以少胜多，与援兵内外夹击，军威大振，逆贼弃城远遁，逃入阿富汗巴达克山，被巴达克山首领素勒坦沙擒杀，叛乱遂平。至此，西陲永定。臻成大夫进而说道："两大部落不为不强，周二万余里不为不广，五年成功不为不速，前歌后舞不为不祥。子徒见始事之秋，选愞畏葸者之腾口，是所谓人然亦然、人否亦否者也。"对于事情的开端全然不知，却选择了那些柔弱怯懦、胆小畏惧、犹豫不决之人的张口放言，真是所谓人云亦云，人否亦否。《论语·宪问》载："或曰：'以德报怨，何如？'子曰：'何以报德？以直报怨，以德报德。'"孔子认为，对损害自己的人，不能以德报怨，否则会助长恶人的嚣张气焰。故臻成大夫对春秋硕儒嗤之以鼻，不屑一辩。

春秋硕儒继续咬定他的观点，认为战争只能使百姓生命不保，家庭离散，又损兵折将，又有什么补益呢？称："阳舒阴惨，生民大情，离忧合欢，品物同性。绝者不可复属，死者不可复生。损兵折将，无补功成。"臻成大夫回答道，你真是一位执迷不悟的人，也知道什么叫损兵折将？内心怯弱，外受制于人，决机不审，迟疑盲目，遵循旧例，导致失败，这叫损兵折将。而虎臣罴士，如马超讨郭援，虽被飞矢射中，乃以囊囊其足而战，破斩援首，大败匈奴；又如东汉开国功臣姚期，英勇善战，在一次战斗中头巾被风吹落，仍继续战斗。他们渴赏捐躯，置生死于不顾，堪称英勇之士。一旦听到这样的人，午夜为之酸心，举案为之忘食，用刻木结蒲来记录他们的事迹都不为过。如你所言，汉祖唐宗拨乱草创之初，难道就没有像子路那样结缨而死、视死如归的人吗？《礼记·乐记》曰“君子听磬声，则思死封疆之臣”，君子听到磬声，就会想起那些为国捐躯的边疆将士。所以非沉几不足以图功，非果断不足以定业。他们狼狈相顾，潜包祸谋，犹如螳臂当车，不自量力。王师犁庭扫穴，如烈火燎飞蓬，灰飞烟灭。你为什么不从全局度量，待以岁月，而为无稽之说呢？

春秋硕儒仍不放弃他的陈旧思想，继续说道：“若仆者，乃隙中观斗，井里窥天，以今日应机底绩论之，何妨再迟数年？愧矣服矣，豁然悚然。”认为以今日顺应时机而取得的成绩来看，征伐再迟数年，未必不可。臻成大夫回答道：“子姑听之。夫食椹怀音，非纳叛臣，奖蹶优遇，欲集其勋。”你听好了，食椹怀音，对叛贼来说是不会有的。你所说的“应机”，也并非正确精辟的结论。我军曾有三次可乘之机，但都未兴师。一是策妄多尔济·纳木札尔年幼昏暴之时，二是喇嘛达尔札篡夺汗位之时，三是达瓦齐篡夺之时，我军是正义之师，出师有名，不会乘人之衅。征讨逆贼，何曾对百姓增加赋税？凡有水旱，无不恤赈。民间承担的运输，都是按量给价，以防止官员侵蚀。还免除了甘肃全省一年的岁赋。准部回部从此永远安宁，并及其邻，哈萨克亦受其惠。无不内属，慕义归仁。如此局面的形成，千古未闻。你菽麦未辨，安知我信天主人之远见？

信天主人乃召集二人而晓之以大义，八个字“顺天者昌，逆天者亡”，站在真理的高度，得道者多助，失道者寡助。为何屡危屡夷、愈变愈康？因为顺天。如果畏难而中途停止，未尝不招致灾祸。《易》师卦上六曰“大君有命”，复卦上六曰

“迷复有眚”，这两个卦象，一正一反，有助于思考成功与失败的原因，二者只在毫厘之间。成功是因为顺天，失败是因为逆天。从今以后，要矜矜惴惴，凛凛皇皇，陨越是惧，哪有时间来计较你二人的短长呢？

乾隆三十九年（1774 年），颐和轩建成后，把此论刻于西板墙上，与东板墙《西师诗》相对，完成了对这场历时五年的平叛战争的记录和思考，重在祛疑开惑、昭示来许。

汉代司马迁《史记》称“唯禹之功为大，披九山，通九泽，决九河，定九州，各以其职来贡，不失厥宜”[①]。乾隆将《大禹治水图》玉山置于乐寿堂北厅，正面朝向颐和轩，目的是与颐和轩的《西师诗》《开惑论》相呼应，两万里边疆从此永靖，这难道不是乾隆一生中所立下的最大的功业吗？这难道不是继承了大禹定九州的宏图吗？故乾隆于《大禹治水图》玉山上的题诗有“功垂万古德万古，为鱼谁弗钦仰视”。乾隆在景仰大禹功德的同时，自己不仅完成了祖先的未竟之业，也完成了历史赋予他的使命。

四、立德空间与养其万物

乾隆于颐和轩南厅建构了他的功业陈设，即构建立功立言

---

① ［汉］司马迁：《史记》卷一，中华书局 2020 年版，第 50 页。

空间的同时，又将整个颐和轩明间构建成为一个长寿空间。

首先，殿名颐和，寓意百岁圆满。《礼记·曲礼》曰："人生十年曰幼，学。二十曰弱，冠。三十曰壮，有室。四十曰强，而仕。五十曰艾，服官政。六十曰耆，指使。七十曰老，而传。八十九十曰耄，七年曰悼，悼与耄，虽有罪，不加刑焉。百年曰期，颐。"百年曰期，在于养。郑玄注曰："期，犹要也；颐，养也。"唐代李华《四皓铭》曰："抱和全默，皆享期颐。"宋代陆游《初夏幽居》曰："余生已过足，不必到期颐。"

《周易》颐卦由艮卦和震卦组成，故卦名曰"山雷颐，纯正以养"。颐的甲骨文是一个象形字，指下巴、下牙床和牙齿。

南北厅紫檀雕龟背纹嵌黄杨木梅花夹纱槅扇

颐和轩北厅所悬匾联

颐与百岁老人联系在一起，是指当人活到一百岁时，下巴还能动，还能咀嚼。故颐卦为上艮下震，艮不动，而震能动，恰是颐的象形。

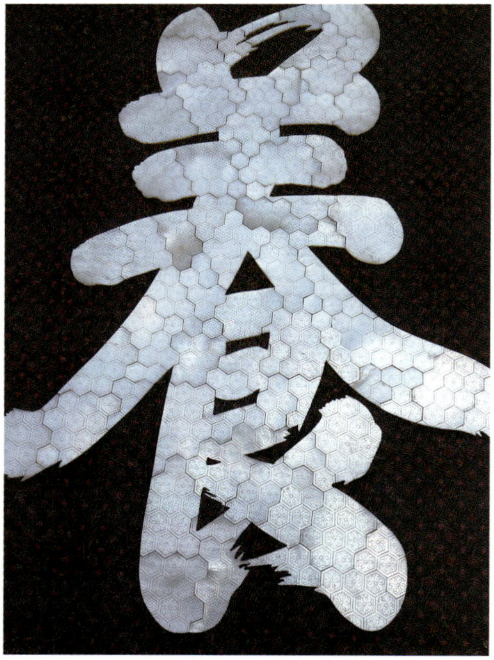

由龟背纹螺钿片拼接成的“养”字

其次，颐和轩通过装饰龟背纹象征长寿。颐卦初九卦辞曰：“舍尔灵龟，观我朵颐。”说明颐卦与龟有关系。龟象征长寿，故龟背纹成为颐和轩殿内装饰的主要纹饰。所有的槛窗和槅扇均装饰紫檀雕龟背纹嵌黄杨木梅花夹纱，槛窗下的裙板亦贴龟背纹木板拼接，整个空间突出了龟的存在。北厅悬挂有一块红雕漆“导和养素”匾和一副红雕漆对联“静延佳日春长盎，茂对祥风景总宜”，匾对的字均由无数个雕刻成龟背纹的螺钿片拼成，红雕漆边框饰雷纹、龙纹和蝙蝠纹，漆底雕饰龟背纹。

《中庸》曰：“故大德者必得其位，必得其禄，必得其名，必得其寿。故天之生物，必因其材而笃焉。故栽者培之，倾者覆之。《诗》曰：‘嘉乐君子，宪宪令德。宜民宜人，受禄于天。保佑命之，自天申之。’故大德者必受命。”大德者，指的是大舜。舜虽然遇到了可怕的家庭环境，父母弟弟都想要害他，《孟子》载：“父母使舜完廪，捐阶，瞽瞍焚廪。使浚井，出，从而掩之。”但他没有放弃孝德和友爱，对父母和弟弟还是一如既往地爱，由于道德高尚被看成圣人，并获得了至高无上的地位和与四海相比的财富，本人的生命也得到了延长，传说活到了一百一十岁，所以《中庸》说有大德的人一定是长寿的。自然规律必然如此，天是生物的，但必须因其材质而下功夫，能生的才能培植，不能生的自然覆灭。[①]《诗经》说高尚优雅的君子，又有光明美好的德行，让人民安居乐业，上天就会保佑他，给他以重大使命，突出了道德的至上性，故长寿空间实质上是乾隆建构的一个立德空间。

颐卦彖曰：“颐，贞吉，养正则吉也。观颐，观其所养也。自求口实，观其自养也。天地养其万物，圣人养贤以及万民，颐之时大矣哉。”这里有两层意思，一是养育之义，无论是以己养人，还是求人养己，都要观察是否合乎正道，节欲为正，像灵龟那样守住本心，清心寡欲。二是要像天地养育万物那样，惠及天下百姓，这才是颐的伟大之处。立德空间正是这两方面的体现。

---

① 参见王国轩译注：《大学·中庸》，中华书局2019年版，第93页。

天地如何养育万物呢？养育万物是从春天开始的，因为春天充满了温暖，春暖，万物才能被养育，故颐和轩里悬挂有三副带“春”字的对联，使颐和轩里充满了春天，此为紫禁城中其他宫殿所未有者。颐和轩大门内对联曰：“丽日和风春淡荡，花香鸟语物昭苏。”温暖的阳光和拂面的微风，到处荡漾着春的气息，花儿开放，清香四溢，鸟儿和鸣，万物复苏，一派欣欣向荣的景象。宝座两侧的对联曰：“景欣孚甲含胎际，春在人心物性间。”孚甲，指种子分裂发芽，生命萌生，预示着即将繁花似锦，争奇斗艳，春满天地间。只要人的心中和物性之间有春，它就会像种子一样发芽，就会充满勃勃生机，故此联的匾额曰“太和充满”。北厅对联曰：“静延佳日春长盎，茂对祥风景总宜。”心保持宁静，美好的日子就不会结束，春天就会永驻。在祥风中草木繁盛，兴旺发达，这就是天地养育万物的景象。

如何正心寡欲呢？就要像灵龟那样守住自己的本性。“舍尔灵龟，观我朵颐”，在颐卦中预示凶，是因为看见别人大快朵颐而垂涎欲滴，起了贪婪之心，从而舍弃了自己心中的灵龟，即丧失了本性。上天生物，是为了让其长寿，延续生命，因此每个人心中都藏有与生俱来的灵龟，即无欲的本性。故灵龟伏气不食，无求于世，无求则无欲，故能灵通天地。龟背纹的装饰，就是提醒自己要守住灵龟，无须臾放松。故其明间后厦匾额曰“导和养素”，养素：出自嵇康《幽愤诗》“志在守朴，养素全真”，即顺其自然，返璞归真，像灵龟那样安静而守朴，像灵龟那样无求无欲，永守颐养之道。

颐和轩明间匾联

乾隆在颐和轩建构了一个三不朽空间，《左传·襄公二十四年》载：“大上有立德，其次有立功，其次有立言，虽久不废，此之谓不朽。”唐代孔颖达疏曰：“立德，谓创制垂法，博施济众……立功，谓拯厄除难，功济于时；立言，谓言得其要，理足可传。”当一个人取得了三不朽伟业时，就可以像天地那样养其万物。

第七章

天下之大道

奉行什么样的道来治理天下，要根据自然法则来确定。宇宙创生生命，其内在的法则是各种条件都恰到好处，不偏不倚，正好处中，有了中，才会有和。中是天下之大本，和是天下之大道，所以“保合太和，乃利贞”，正是因为宇宙达到了太和的状态，才百物阜安，万国咸宁。清王朝将三大殿更名曰太和、中和、保和，便是对自然规律的认可，对传统精神的继承，以此确定为治理天下的最高理想状态。

如何达到这个理想状态呢？中正仁和应该是最佳的方法，因为它既可以成为国家的治理之道，又可以成为个人的修养之道。治理国家要坚守中正，推行仁政，才能政事宣昭，百姓和乐。当统治者以中正仁和为正心，则正心以正朝廷，正朝廷以正百官，正百官以正万民，正万民以正四方，就会出现阴阳调而风雨时、群生和而万民殖、五谷熟而草木茂的景象，天地之间皆被润泽而呈大丰美。

一、明代的奉天与皇极

按东汉郑玄之说，周王城规划有五门三朝，三朝不仅是君王与大臣处理政务之处，也是国家举办大典之地，而治朝外还是百姓表达诉求之所，历代以三朝为准，建有三座大殿，作为皇帝上朝处理政务之地，是最高的礼制象征。早期三大殿的核心正殿命名曰太极殿，如北魏洛阳城的大朝正殿和隋唐长安城的大朝正殿皆名太极殿（太极宫），太极出自《易传》“易有太极，是生两仪，两仪生四象，四象生八卦”，三国时王弼《周易注》解释曰：“演天地之数所赖者五十也，其用四十有九，则其一不用也。不用而用以之通，非数而数以之成，斯易之太极也。”唐代孔颖达《周易正义》解释曰：“太极谓天地未分之前，元气混而为一。”太极为万物之始，殿名太极，强调了王朝所秉赋的天命即正统性和合法性。

朱元璋建立明朝，定都南京，建宫城，三大殿名曰奉天殿、华盖殿和谨身殿。朱棣迁都北京，营建宫城紫禁城，继承南京宫城三大殿名，嘉靖时更名曰皇极殿、中极殿和建极殿。据朱祖希先生考证，奉天出自《尚书·泰誓中》“惟天惠民，惟辟奉天”，辟，指君王，因为上天爱护百姓，所以君王要尊奉上天，惠爱百姓。华盖源于紫微垣的形如伞盖的华盖星宿，李时勉《北京赋》曰“华盖穹崇以造天”，圆顶以法天，强调君权神授。谨身出自《孝经》“用天之道，分地之利，谨身节用，以养父母，此庶人之孝也”，意思是按天的规律办事，分辨土地的高下肥瘠，合理利用，约束自身，勤俭节约，以奉养父母，这就是百姓的孝道。

帝王的责任在于勤政爱民，让百姓能够奉养得起自己的父母以尽孝道。三大殿的命名重在奉天爱民，以尽天职，使人人亲其亲、长其长，而天下平。这对于朱元璋来说很重要，因为他有切身的体会，出身贫苦，未能实现亲其亲、长其长的愿望。朱棣尚能继承父亲的理想，但后世之君，则早把这个抛在脑后了。嘉靖时，为了强调自己薄视百王的权威，将三大殿更名为皇极殿、中极殿和建极殿。皇极、建极出自《尚书·洪范》“皇建其有极”，中极则不见于儒家经典。[①]嘉靖帝只看重他的权威，所以在“大礼议”之争中，才不顾群臣的反对，当廷杖责五品以下官员，廷杖而死的官员达十六人，朱厚熜最终获得了“大礼议”的胜利，上父亲兴献王尊号为“皇考恭穆献皇帝”，母亲为“圣母章圣皇太后”。

但对于嘉靖帝的改名，朝野一直存在争议。据《日下旧闻考》引《万历野获编》：“太祖初定大朝会，正殿曰奉天殿，门名亦如之。其后文皇营北京，遂仍其名。毁于火，世宗更其名曰皇极，而华盖殿则曰中极，谨身殿曰建极，盖取洪范之义。议者以为洪范更有六极，字样相同，意义不美。然上方亲定礼乐，薄视百王，少忤即获罪，无救正者。至隆庆初元，御史张槚请改仍太祖旧号。时高仪为大宗伯，以为皇考所定，且遗诏中多所厘正，独不及殿名，乞存之，以表三年不改之义，遂不

① 朱祖希：《营国匠意》，中华书局2007年版，第184页。

果易。按太祖奉天二字实不可易。祖训中云，皇帝所执大圭，上镂奉天扬祖四字，遇亲王尊行者，必手秉此圭，始受其拜。以至臣下诰敕命中必首云奉天承运皇帝。太宗继之，一切封拜功臣，必曰奉天靖难，其次曰奉天翊卫、奉天翊运。至列圣所封者无论为功勋，为恩泽，为文武，亦必以奉天为号，至今不改。若皇极、建极，本属一义，而中极尤为无出。考完颜氏上京宫殿，其正寝名乾元殿，盖袭唐代旧号，至天眷元年改名皇极殿，则先有称之者矣。”[①] 显然嘉靖帝没有中庸之德，做事走向了极端，也给自己带来了不测，嘉靖二十一年（1542 年）发生了“壬寅宫变”，十一位宫女差点把他勒死在乾清宫里，致使他从此离开了紫禁城，住进紫禁城西侧的皇家园林西苑，直到四十五年（1566 年）驾崩后灵柩才回到乾清宫。

二、清代的太和、中和与保和

清顺治元年（1644 年），顺治帝入主紫禁城，于皇极门登基即位，顺治二年（1645 年）经过重建重修的三大殿更名为太和殿、中和殿和保和殿，一个新王朝的气象也就产生了。

清代三大殿殿名的意义在于和，这是继承了传统的思想，

---

① ［清］于敏中等编纂：《日下旧闻考》卷三四，北京古籍出版社 1981 年版，第 521 页。

三大殿

据魏殿松先生《太和充满，紫禁城的和字》一文考证，自公元前 140 年汉武帝建年号开始，仅两汉 360 年间，含有“和”字的年号就有“征和”（汉武帝）、“绥和”（汉成帝）、“元和”（汉章帝）、“章和”（汉章帝）、“永和”（汉顺帝）、“建和”（汉桓帝）、“和平”（汉桓帝）、“光和”（汉灵帝）8 个，平均每 45 年就出现一个以“和”字为标志的年号。汉代以后，带有“和”字的年号更是不绝如缕。

“和”，起源于乐器发出的声音，甲骨文写作“龠”形，字形分两部分，上部为口朝下，表示用嘴吹奏，下部为多管多孔的排笛。这些排笛大小长短不一，每支长笛的音是不同的，有高音、中音和低音之分，如果单独吹奏一支，则音质单调，不成旋律，但经过口吹奏，将不同排笛发出的不同音组合在一起，则产生了和谐共振，奏出了美妙的有旋律的音乐，这就叫“和”，强调了不同而和，多样性的统一。[①]

太和，出自《周易》“大哉乾元，万物资始，乃统天。云行雨施，品物流形，大明终始，六位时成，时乘六龙以御天。乾道变化，各正性命，保合太和，乃利贞。首出庶物，万国咸宁”，这是《周易》的开篇，讲的是天的形成和生命产生的过程。天是由什么来统治的？是乾元，乾元是万物产生赖以依靠的根本，也就是说没有乾元就没有万物。那么，乾元是什么？说不清楚，唐代孔颖达解释称“乾是卦名，元是乾德之首”，

---

① 王子林：《日升月恒：紫禁城的文德光华》，生活·读书·新知三联书店 2023 年版，第 76 页。

朱熹称“乾元，天德之大始”，按笔者的理解应该是创造万物的原动力。原能量，所以盛大。它的表现方式是云行雨施，赋予万物各式各样的形体。卦象是六根阳爻，如同六根能量棒，没有断（阴爻），自始至终都在发光发热，让宇宙充满光明；又好像六条龙，有潜伏、显现、上升、跃动、飞腾和满盈之象，统御着天体的运行，产生六个时段。乾道的变化是为了使生命各得其正。保持宇宙的大和谐，有利于万物各得其所，各得其宜，就会有无穷无尽的生命产生，万物繁荣，天下就太平了。故太和之义，就是自然的大和谐，强调了自然法则。

太和殿匾“建极绥猷”

中和，出自《中庸》“中也者，天下之大本也；和也者，天下之达道也。致中和，天地位焉，万物育焉”。中和，处于中间调和状态，一切都是平衡的，无过不及，一切都恰到好处，处于最理想的状态。中和被赋予了人的情感因素，当我们行走社会，建立社会秩序之道，也是我们的修行之道，这时中和就变成中庸了。当中和之道行于天下时，则可赞助天地，发育万物。

中和殿匾“允执厥中”

保和，出自《魏书·崔浩传》“愿陛下遣诸忧虞，恬神保和，纳御嘉福，无以暗昧之说，致损圣思”。原义是人要保持一种乐观的态度，积极向上的精神。将第三座殿命名曰保和殿，有两层意思：一是保持太和、中和的状态；二是提醒作为君主要兼听则明，远离怪力乱神，不要被暗昧之说干扰。

三大殿之和，触及了传统文化的核心。和，是传统文化中的一个重要概念，大到自然宇宙，中到国家治理，小到个人修养，都离不开和。

和是一种自然力量。《礼记·郊特牲》载：“阴阳和而万物得。”《老子》曰：“道生一，一生二，二生三，三生万物。万物负阴而抱阳，冲气以为和。”这里的和，是融合为一体，阴和阳是两个极端，只有二者的结合，才能生成万物。负阴抱阳，二者的结合，形成了冲气，比单独的阴和阳还要充沛。《周礼》曰：“日至之景尺有五寸，谓之地中。天地之所合也，四时之所交也，风雨之所会也，阴阳之所和也。然则百物阜安，

保和殿匾“皇建有极”

乃建王国焉。”周公确定地中是以夏至日太阳的影子长度为准的，当影长为一尺五寸时，该地就是地中，即大地的中心。其是天地、四时、风雨、阴阳交会的地方，相互作用为和，其结果是百物阜安。

和是一种社会力量。《尚书·康诰》载：“王曰：‘呜呼！封，有叙时，乃大明服，惟民其敕懋和。’”周公平定叛乱后，封康叔于故殷商之地，告诫他要明德慎罚，百姓就会勤勉劳作，社会就会和谐，即人与人之间友好相处，互敬互爱，没有邪恶之心。

和是一种规范。《尚书·周官》曰：“宗伯掌邦礼，治神人，和上下。”宗伯的职责是掌管国家的各种礼仪制度，沟通神人，使上下和谐，各自遵守各自的规则，不越界，人神共处。《论语·学而》曰：“礼之用，和为贵。先王之道，斯为美，小大由之。有所不行，知和而和，不以礼节之，亦不可行也。”礼的运用，以和谐为可贵。过去圣明君王的治政之道，美好的地方就在这里，无论小事大事都这样实行。但是，如遇行不通的时候，并不是一味地为了和谐而求和谐，不用礼加以节制也是行不通的。和谐是有条件的，必须在一定的范围内，才能实现。

和是建立于人心之上的。《孟子・公孙丑下》曰：“天时不如地利，地利不如人和。”赵岐注曰：“人和，得民心之所和乐也。”显然和是与人心相关联的。如果没有人心的一致，再好的天时地利也形同虚设，没有作用，社会并不会因为有了好的天时地利就会安宁。一定要顺应民众的愿望，满足民众的需

赵孟頫《秋郊饮马图》

求，这样才能获得民众的支持，建立一个和谐的社会。

和存在于乐中，通过乐把和表现出来，以发挥和的巨大作用。孔子说《韶》“尽美矣，又尽善也”，《韶》乐美极了，达到了至善的境界，它是天地和谐的体现，通过《韶》可以教化天下。所以从乐的角度来阐发和的意义，更容易被人们接受。《礼记·乐记》（节选解读见附④）里所言之“和”，是乐的根本和灵魂。

清朝统治者将三大殿更名为太和殿、中和殿和保和殿，应该是对历代宫殿名的超越，它简单而明晰，深邃而广阔，致广大而尽精微，极高明而道中庸，把和的三个层面概括得如此精准而又赋予道的无穷。太和是自然层面，中和是人与

自然层面，保和是人层面，和将人与天沟通了起来。沟通的方式则是乐与礼，乐是天地之和的体现，礼是天地之序的反映。

三大殿之和，无疑是以追求和、建立和为最高理想。和是立国之本，也是社会发展之本，故太和殿对联中有“万邦和谐颂平章”“四海雍熙符广运”之句，只有和，万邦才会亲睦友善，四海才会被阳光普照，强调和是天下共生共处的根本。当宇宙处于太和时，当人类社会处于和谐时，当人处于平和时，人人才能止于善、止于信、止于敬、止于孝，温文尔雅，出入相友，守望相助，老吾老以及人之老，幼吾幼以及人之幼，人人乐于尽职尽责，共同维护和的环境。三大殿之和，展示的是一个王朝的形象。顺治二年（1645 年），全国还未实现真正的统一，李自成残部依然存在，南明政权仍占据大半个中国，吴三桂的势力也在日益壮大，社会还处于不安定状态之中，正是在这样一个极度脆弱的时空里，清朝统治阶层果断地将三大殿更名为太和、中和和保和，表明了自己的立场是希望和，而不

韩滉《五牛图》

是战，是要建立一个和谐的社会，让社会各阶层都各安其位，各尽其能。同时表现出的最大勇气是停止征战，马放南山，发展生产。如同《礼记·乐记》所言："济河而西，马散之华山之阳，而弗复乘；牛散之桃林之野，而弗复服。车甲衅而藏之府库，而弗复用。倒载干戈，包之以虎皮；将帅之士，使为诸侯；名之曰建櫜。然后知武王之不复用兵也。散军而郊射，左射，'狸首'；右射，'驺虞'，而贯革之射息也。裨冕搢笏，而虎贲之士说剑也。祀乎明堂而民知孝。朝觐然后诸侯知所以臣，耕藉然后诸侯知所以敬。五者，天下之大教也。"向武王学习，武王克商后，渡过黄河向西回到镐京，下令将战马放牧于华山之南，牛放牧于桃林之野，把兵车铠甲盖好包好以后收藏到府库，把干戈等武器倒放，用虎皮包裹起来束之高阁，带兵的将帅都被封为诸侯，让士兵参加在郊外学宫举行的射箭比赛。制定礼乐，大家都穿上了礼服，戴着礼帽，腰插笏板，再不佩带利剑了。国家没有战事，天子从事祭祀祖先、耕种藉田的活动，是为了做天下的表率，使全社会遵行孝道，发展农业生产。

三、中正仁和与致中和

太和、中和与保和，都是一种理想状态，如何才能达到这种理想状态呢？就是要保持内心的中正仁和。

“中正仁和”匾，雍正书写，悬挂于养心殿明间宝座之上，档案记载：“雍正元年八月二十六日传旨：俟朕往圆明园去后，将养心殿旧‘中正仁和’匾取下来，换上新‘中正仁和’匾。”养心殿是雍正帝处理政务和寝兴之所，它代替了乾清宫，成为自雍正以来的政治中心。显然此匾是修身之道的体现。

“中正仁和”虽然是简简单单的四个字，但它却有着深厚的哲思和崇高的品德。中正，出自《周易·乾卦·文言》“大

养心殿“中正仁和”匾

哉乾乎，刚健中正，纯粹精也”，天之所以浩大，是因为它强大而又纯粹。乾卦六爻皆为阳爻，说明九五之位的阳爻是最强大的，象征刚毅强大而又中正不曲、纯精纯一，所以在《周易》里刚健中正又成为天最重要的德性之一。

《周易》中还有三处提到中正，一处是姤卦“刚遇中正，天下大行也”“九五含章，中正也”，姤卦由乾卦和巽卦组成，乾上巽下，巽坤互借，故为“含章”。九五含章即九五为天，含章为地。阳爻处九五之位，刚健中正，正气凛然，不可动摇，如高大的杞木一样。故阴爻居初六位，就像“以杞包瓜”。“阳刚居尊，如树杞然”，阴柔的瓜藤小人，不再往外蔓延，而是攀缘刚健中正的杞树，为治化小人之道。故孔颖达曰：“天下人伦之化，乃得大行也。”

同人卦曰：“文明以健，中正而应，君子正也。”同人卦由乾卦和离卦组成，乾上离下。离为火为柔，象征文明。阳爻处九五之尊位，刚健无比，却以文明用之。故虽强大，但始终保持中正，以文明行之。这是君子应遵循的正道，“唯君子为能通天下之志”，只有君子才能通达天下人的意志，以德服人。“文明以健，中正而应”，即文明柔要用刚，中正刚要用柔，乾与离要互相利用，才是君子的正道。也就是说离卦中间的阴爻（六二），要达到中正之位，需刚健，一旦变成阳爻，就成为乾卦了，故称同人卦。把这二者之间的关系处理好，即是所谓的中庸之道。

履卦曰：“刚中正，履帝位而不疚，光明也。”履卦由乾卦和兑卦组成，乾上兑下即上天下泽。九五为阳爻，九五位为帝位，故称履帝位而不疚。不疚，《说卦》曰：“坎为疾”“坎为心”，九五以刚中履帝位之正，坎象不见，故曰“不疚”。也就是说保持刚健中正的品德，践行于九五之位，是充满光明的，不会出现过错。《象》曰：“上天下泽，履。君子以辨上下，定民志。”君子观此卦象，分清上下的职责，遵循礼仪，安定民心。此卦也是意在强调阴阳的关系，处理得当，则不疚。

以上《周易》中的“刚健中正”，都与乾卦有关系，是指在上位的重要性，保持中正，则可以履其位，践其行，而不疚。

中正又是乐的本质，以此比喻作品要反映人的道德品质，如西汉扬雄《法言·吾子》所言：“或问：‘交五声、十二律也，或雅或郑，何也？’曰：‘中正则雅，多哇则郑。’请问本，曰：‘黄钟以生之，中正以平之，确乎郑、卫不能入也！’”雅指雅乐，郑指郑声淫乐。雅乐是道德的反映，中正是道德的核心。《东观汉记·申屠刚传》曰：“性刚直中正，志节抗厉，常慕史鳍、汲黯之为人。”中正又是人的优秀品质，刚直不阿。

仁和即仁爱温和，《礼记·儒行》曰：“温良者，仁之本也……歌乐者，仁之和也。”《魏书·游明根传》曰：“明根历官内外五十余年，处身以仁和。”南唐刘崇远《金华子杂编》曰：“内子性仁和，闻之无难色。”仁爱是儒家思想的核心，孔子说“能行五者于天下为仁矣”，五者即恭、宽、信、敏、惠。行为端正，性情温和，充满仁爱，不仅是对个人内在道德自觉的要求，也是对全社会道德价值观的构建。

中正，虽然表面上看是刚健不屈，正直无私，但实际上它强调的是如何处理好刚柔、阴阳的关系，姤卦、同人卦、履卦，都在讲这个问题。姤卦注重“九五含章”，同人卦注重“文明以健”，履卦注重“以辨上下”，保持中正，也就是不偏不倚，履其位，才能大行于天下，才能通天下之志，以定民志。所以将中正与仁和组合在一起，是最好的同人卦。“文明以健，中正而应”，刚柔相济，阴阳相和，故中正仁和不仅是治国之道的良策，也是人内心最重要的品质修养。

有了中正仁和的理念与品质，才能致中和，实现行天下之大道的目的。

修身、齐家、治国、平天下，靠的是什么？笔者认为是致中和，因为它是天下的达道。《中庸》曰：“天命之谓性，率性之谓道，修道之谓教。道也者，不可须臾离也，可离非道也。是故君子戒慎乎其所不睹，恐惧乎其所不闻。莫见乎隐，莫显乎微，故君子慎其独也。喜怒哀乐之未发谓之中，发而皆中节谓之和。中也者，天下之大本也；和也者，天下之达道也。致中和，天地位焉，万物育焉。”天命是不能更改的，是不能违背的，故可称天命为自然规律，自然规律是什么？就是笔者所讲的生，因为天是主生的，故而本性为善，遵循善的本性和生的规律，这就是道。将这个道通过学校、典籍、圣贤推广开来，这就是教。命、性、道、教四者须臾不可离开，强调了它的重要性。离开了这四者，道就无法推行，那么道就不存在了。君子要达到这四者的境界，需要做什么呢？就是“慎独”，在人看不见的地方、听不到的时间里，都要保持言行一致。所以在一个人独处的时候要保持谨慎畏惧，不能因为他人看不见听不到就放纵自己的情感，使情绪不受控制。所以《中庸》提出了“中和”一词，称喜怒哀乐等情感没有表现出来时是不偏不倚的、平静的，称为中，表现出来又符合节度，无过不及，这就叫和。中是天下的根本，和是天下的达道，中和才是中庸之道的本质和最高境界，因为达到了中和的境界，天地便各安其位，万物就产生了。

中和在天地孕育万物和个人修养上是最重要的。因为一旦情绪失去控制，就会做出违背人的本性的事来，人就不能端正自己，故《大学》曰：“身有所忿懥，则不得其正；有所恐惧，则不得其正；有所好乐，则不得其正；有所忧患，则不得其正。”天地也是如此，如果天地不安其位，四时就会错行，日月就不会代明，万物就不会产生。这实际上也是《周易》所说的“九五含章”“文明以健，中正而应，君子正也”。

中和是宇宙的最高法则，强调的是一种理想状态，中庸则是达到这种状态的方法论，是君子操行的道德标准。

中庸之道，是解决问题的智慧之道，《中庸》曰：“舜其大知也与！舜好问而好察迩言，隐恶而扬善，执其两端，用其中于民，其斯以为舜乎？”舜能治理好天下，在于他能充分掌握中庸之道，善于听取不同的意见，既问民众，又问身边的人。对于恶的言行要加以臧否，对于善的言行要竭力褒扬。然后根据过与不及两端的情况，用最合适的方法来治理百姓。孔子亦曰：“吾有知乎哉？无知也，有鄙夫问于我，空空如也，我叩其两端而竭焉。”意思是有个粗浅之人问一个问题，自己答不上来，后来“我叩其两端而竭焉”，从推敲问题的两个极端即正反两个方面，才找到答案。显然大舜和孔子都是采用的中庸之道，不用极端的方法，在过与不及之间找到一个最合适的点，这一点就是中庸，即衡量之中的准确判断。

中庸看似容易做到，实际上是非常难的。从自然生命发展的历程来看，万物的产生来源于中和，当天地达到一种平衡时，即阴阳和谐，才会出现生命，故《黄帝内经·素问》曰“独阳不生，孤阴不长，阴阳和合长久之道”；从性情来看，当人的情绪平和时，身体才会健康长寿；从德行来看，当人做到隐恶而扬善时，人才会成为一名君子。所以孔子说：“白刃可蹈也，中庸不可能也。”锋利的刀刃可以践踏过去，但中庸却是不容易做到的。

《中庸》曰：“道之不行也，我知之矣：知者过之，愚者不及也。道之不明也，我知之矣：贤者过之，不肖者不及也。人莫不饮食也，鲜能知味也。”道者，朱熹解释称：“天理之当然，中而已矣。”道不行的原因是知、愚、贤、不肖之人过无不及，又因禀赋不同而丧失了适中造成的。知者自以为自己聪明，认为这个道不足以指导自己的言行；愚者又达不到知的高度，所以不知道所以行。这就是此道之所以常不明的缘故。

《中庸》曰：“君子中庸，小人反中庸。君子之中庸也，君子而时中；小人之反中庸也，小人而无忌惮也。”君子之所以奉行中庸之道，是因为有君子之德，而又能随时处中。小人之所以反中庸，是因为不知天命，没有忌惮。君子能随时做到合度适中，小人则无所顾忌、肆意妄为，没有中庸之德。所以要像颜回那样，“回之为人也，择乎中庸，得一善，则拳拳服膺，而弗失之矣”，认定了中庸，就会得到善，所以要将中庸小心奉持并放在心上，守住它，不让它丢失。

《中庸》论述了中庸之道的重要性，其根本精神在于避免极端。故孔子说“我叩其两端而竭焉”“过犹不及”“和而不同”“乐而不淫，哀而不伤”，坚持适度和协调，强调恭敬、谦让、忠厚等形态的道德范式，不主张刚勇、好胜、善言的表现形态，使古代中国走向了礼乐社会，在这个社会里，人人彬彬有礼，温文尔雅，正所谓“君子之道，淡而不厌，简而文，温而理，知远之近，知风之自，知微之显”，臻至完美的道德境界。另外，《中庸》不仅是儒学，更是理学体系建立的基础，许多概念、命题出自于此，如命、性、教、道、慎独、情、已发未发、中和、大本、达道、在中、时中、用中、费隐、忠恕、鬼神、五达道、三达德、知行、治国九经、择善固执、诚、致曲、尊德性而道问学、学问思辨行、三重、仁义礼智、无声无臭等，许多理学大家持守《中庸》信条，许多儒者用《中庸》的方法论思考，所以，《中庸》对中华文明的形成和发展有着深远的影响。①

致中和，需要两个方面的合力，一是内心的中正仁和，二是方法上的中庸之道，才能达到天人合一的境界。天地有大德曰生，是因为中和，一切恰到好处，无声无臭，云行雨施，品

① 参见王国轩译注：《大学·中庸》，中华书局 2019 年版，第 53 页。

物流形。人要赞助天地，发育万物，也需要像天地那样没有私心，不偏不倚。致中和，可以看成智慧与仁爱的结合。当一个人内心充满仁爱，就容易达到内心与外界的和谐，不仅能充分发挥自己的本性，还能发挥众人的本性和万物的本性。实现文明的终极目标：赞助天地，发育万物。

附①《尚书·禹贡》(节选)：

禹敷土，随山刊木，奠高山大川。冀州：既载壶口，治梁及岐。既修太原，至于岳阳；覃怀厎绩，至于衡漳。厥土惟白壤，厥赋惟上上，错，厥田惟中中。恒、卫既从，大陆既作。岛夷皮服，夹右碣石入于河。济、河惟兖州：九河既道，雷夏既泽，澭、沮会同。桑土既蚕，是降丘宅土。厥土黑坟，厥草惟繇，厥木惟条。厥田惟中下，厥赋贞，作十有三载乃同。厥贡漆丝，厥篚织文。浮于济、漯，达于河。海、岱惟青州：嵎夷既略，潍、淄其道。厥土白坟，海滨广斥。厥田惟上下，厥赋中上。厥贡盐、絺，海物惟错。岱畎丝、枲、铅、松、怪石。莱夷作牧。厥篚檿丝。浮于汶，达于济。海、岱及淮惟徐州：淮、沂其乂，蒙、羽其艺，大野既猪，东原厎平。厥土赤埴坟，草木渐包。厥田惟上中，厥赋中中。厥贡惟土五色，羽畎夏翟，峄阳孤桐，泗滨浮磬，淮夷蠙珠暨鱼。厥篚玄纤缟。浮于淮、泗，达于河。淮、海惟扬州：彭蠡既猪，阳鸟攸居。三江既入，震泽厎定。篠簜既敷，厥草惟夭，厥木惟乔。厥土惟涂泥。厥田唯下下，厥赋下上，上错。厥贡惟金三品，瑶、琨、篠、簜、齿、革、羽、毛惟木。岛夷卉服。厥篚织贝，厥包桔柚，锡贡。沿于江、海，达于淮、泗。荆及衡阳惟荆州：江、汉朝宗于海，九江孔殷。沱、潜既道，云土、梦作乂。厥土惟涂泥，厥田惟下中，厥赋上下。厥贡羽、毛、齿、革惟金三品，杶、榦、栝、柏，砺、砥、砮、丹惟箘簵、楛，三邦厎贡厥名，包匦菁茅，厥篚玄纁玑组，九江纳锡大龟。浮于江、沱、潜、汉，逾于洛，至于南河。荆、河惟豫州：伊、洛、瀍、涧既入于河，荥波既猪。导菏泽，被孟猪。厥土惟壤，下土坟垆。厥田惟中上，厥赋错上中。厥贡漆、枲，絺、纻，厥篚纤、纩，锡贡磬错。浮于洛，达于河。华阳、黑水惟梁州：岷、嶓既艺，沱、潜既道。蔡、蒙旅平，和夷厎绩。厥土青黎，厥田惟下上，厥赋下中，三错。厥贡璆、铁、银、镂、砮、磬、熊、罴、狐、狸、织皮。西倾因桓是来。浮于潜，逾于沔，入于渭，乱于河。黑水、西河惟雍州：弱水既西，泾属渭汭，漆沮既从，沣水攸同。荆、岐既旅，终南、惇物，至于鸟鼠。原隰厎绩，至于猪野。三危既宅，三苗丕叙。厥土惟黄壤，厥田惟上上，厥赋中下。厥贡惟球、琳、琅玕。浮于积石，至于龙门、西河，会于渭汭。织皮昆仑、析支、渠搜，西戎即叙。导岍及岐，至于荆山，逾于河；壶口、雷首至于太岳；厎柱、析城至于王屋；太行、恒山至于碣石，入于海。西倾、朱圉、鸟鼠至于太华；熊耳、外方、桐柏至于陪尾。导嶓冢，至于荆山；内方，至于大别。岷山之阳，至于衡山，过九江，至于敷浅原。导弱水至于合黎，余波入于流沙。导黑水至于三危，入于南海。导河积石，至于龙门；南至于华阴；东至于厎柱；又东至于孟津；东过洛汭，至于大伾；北过降水，至于大陆；又北，播为九河，同为逆河，入于海。

附②《题密勒塔山玉大禹治水图》：

神禹敷土定九州，帝都之地冀州始。
冀者近也距三河，其中大河巨擘是。
导之虽曰由积石，意在寻源必于尾。
雍州九末继昆仑，于斯可识神禹旨。
乘四载迹遍寰区，曾至否乎难穷纪。
昆仑河源并产玉，大都早见简明语。
设曰积石即河源，是实拘墟耳食矣。
汉武之言有见哉，昆仑产玉千古美。
兹得密勒塔巨材，昆仑宛延千所迤。
其高七尺博三尺，卓立如峰之岿巍。
不中尊罍中图画，石渠古轴传治水。

装潢边幅失姓名，顾展朱赵难率拟。
以为粉本命玉人，宛见劬劳崇伯子。
免收执斧同众工，诚感神明助力亹。
高山以奠及大川，曰榷曰析曰剔酾。
功垂万古德万古，为鱼谁弗钦仰视。
画图岁久或湮灭，重器千秋难败毁。
作歌敬志神禹神，毛晃指南诚小耳。
然而吾更有后言，是器致之以万里。
攻用十年告蒇事，博大悠久称观止。
一之为甚可再乎，曰惕曰惭胥在此。
无服远德莫漫为，求珍玩物或致否。
慎哉长言示奕祀，召伯训当熟读尔。

《禹贡》导河积石，注家谓此为大禹治中国河施工之始，非积石即河源也。谨按圣祖《御纂书经》云积石山在今河州北一百二十里，其西五十里有积石关，唐置积石军于此。诸家多以此为小积石，别有大积石，其实即此积石更无所谓大积石也。今河州近在甘肃境内，安得谓之河源？古人限于疆域，遂有此拘墟耳食之论耳。《禹贡》织皮一节，毛晃《指南》云织皮上疑脱去厥篚二字，不然，则是史变文耳。至胡渭作《禹贡锥指》所云不必远证，第参以梁州之文，则此为错简明甚，其曰织皮即熊罴狐狸织皮也，但文有详略耳，曰昆仑析支渠搜，犹西倾也。但国有多少耳？曰西戎即叙，犹言因桓是来也，但辞有同异耳，渭此言颇为畅晰。但予以为织皮二字既系错简，安知昆仑数语不亦有错简耶？昆仑之为河源，万古不易，渠搜析支，盖即河所经之国，至积石而入中国，乃始有黄河之名。如今所考定河源出于青海外之阿勒坦噶达素，其所经之处，皆蒙古土番地名，均无汉字黄河之名也。此语继雍州之后，盖昆仑虽远，实为雍州外境，施工始中国之积石，寻源在西戎之昆仑。《禹贡》立言之旨，本自昭然说，经家何以见不及此。《吴越春秋》载禹周行宇内，徊昆仑，察六扈，虽其事不见《尚书》正经，然《吴越春秋》乃三代遗闻，安知四载之迹不至昆仑耶？但世远迹湮不可考耳。向作《河诗》及《河源简明语》辨析甚详，考《汉书·张骞传》天子使穷河源，其山多玉石，采来，天子考古图书名河所出曰昆仑云云。汉武所定河源出昆仑且多玉石足为证，亦与《尔雅》之说合。前令阿弥达往穷河源，据奏旧称河源为鄂敦淖尔者，水绿色，其西南一水名阿勒坦郭勒，有巨石独立，名阿勒坦噶达素，土崖黄赤色，上有天池，酾流百道，皆金色，实河之真源。西北流入鄂敦淖尔，黄色微淡，又东流千余里至贵德堡，冰，始全黄，是河源，皆土山无石，安得有玉云云。予《河源诗》按语谓昆仑在今回部中，诸水皆东注蒲昌海即盐泽，水入地伏流至青海始出，则天池诸水皆是。又《汉书》谓河有两源，一出葱岭，一出于阗。于阗即今和阗，实产玉也，正与此合。此玉采自密勒塔山，密勒塔者，回语谓枪也。接和阗南境诸山，和阗玉采之水中者，小而润泽，密勒塔所产质较逊而多巨材，实皆于阗境，惟彼时无精通蒙古回部语之人，不能详译耳。又《毛晃指南》云西王母石室近酒泉昆仑山。崔鸿《十六国春秋》云张骏时酒泉太守马岌言酒泉南山即昆仑之体，上有石室王母堂。俱为荒留，盖西王母之称，《尔雅》但云觚竹北户西王母日下谓之四荒。是西王母乃地名，非人名，安有室与堂乎？考古终当以经语为据，盖河出昆仑，汉武所定不为无据，若傅会武帝曾见西王母，此与后人以积石为河源同为无稽之论耳！内府所藏《大禹治水图》轴边幅俱似裁去，故无作者姓名，按《宣和画谱》有晋顾恺之《夏禹治水图》，郭若虚《图画见闻志》有隋展子虔及五代朱简章《禹治水图》。又《王世贞续集》有宋赵伯驹《大禹治水图》，而疑以为非千里能办，似周文矩云云。证之内府所藏恺之《洛神图》、子虔《春游卷》、伯驹《后赤壁图》，笔法俱不似，惟与所弆文矩《圣迹图》有相仿者，其为文矩笔亦未可知。予筹办西师，决机定策，克集大勋，自底定后，三十余年以来，抚绥安辑，整饬怀柔，无不备至。所以新疆各部之人安乐爱戴，效顺输忱，一家臣仆每岁春秋采玉供役受赏，踊跃子来，绝无劳怨之状，获此巨珍，以传古王圣迹，非耳目华嚣之玩可比也。因即免其每岁春贡之玉，着为令典，以示体恤。后之人思艰图易，抚驭有方，征求勿事，慎守旅獒之训，以凝承大宝，庶不负予制器垂裕之深衷耳！

附③《开惑论》：

夫人情有所弗概于怀者，则不能无惑。况西师之役，决机于午夜之密勿，驰檄于绝域之阻阂，语言泮不相同，风俗夐然各别。是安能人人而告之以袪其疑？故事以问明，理以答晰，因仿四子讲德之遗意作开惑论，其辞曰：有春秋硕儒者，是古卑今，循规蹈矩，喜宽衣博带如鲁诸生，厌突梯脂韦若楚公子。闻信天主人欲有所缔构挞伐，虽不敢面折其非，而每退有后语也。既而定伊犁，俘名王，成旧志，辟新疆。兵不血刃而归马于华山之阳。（西陲一役，自乙亥春两路大兵进发，所过迎降恐后，遂擒达瓦齐，定伊犁隶属诸部，及秋已告成事，无顿弦遗镞之费。）乃造于臻成大夫之席曰：唉！有是哉，有是哉！走怀杞人之忧有日矣。夫守在四夷，其德莫恢。佳兵不祥，其理莫赅。今所见者迥异乎所闻，则是秦皇不必筑长城而汉武不必悔轮台也。曷以启予蒙乎？大夫曰：子不闻长卿之言乎？非常者固常人之所疑也。无何，阿逆叛，群凶应。如蜩如螗，曰枭曰獍。断驿掳牧，奋臂以逞。一二只行野宿者，或致戕其身命。（阿睦尔撒纳潜蓄异志，乘我师既平准夷，觊为四部大台吉未遂，中途叛逃，而一时逆党如伊犁之巴磔克什木、西路之阿巴噶斯哈丹、北路之包沁等，先后煽附，断台肆掠，道路为梗。）于是硕儒复过大夫之闾曰：如何如何？果不出吾所讶。宜亟罢是役，祸庶少辑。大夫曰：子姑俟之。于时师重进，渠远跳。顺者抚，逆者剿。（丙子春，我师整旅讨逆，阿睦尔撒纳窜去，其党并就剿抚，伊犁复定。）先是，喀尔喀有青滚杂卜者，獯狡佥回之骍辫也。以收都尔伯特四部时曾贾其牛羊，用赐新抚。乃藉以煽惑众喀尔喀，且欲私通阿逆之丑虏。（青滚杂卜本喀尔喀台吉恩封郡王，从征。密旨令将军等计擒阿逆。时青滚杂卜实漏其信，复自军营逃回游牧，蛊众撤卡，甘心从贼。为我参赞大臣纳木札尔执送京师，得正显戮。）阿逆既窜，罪人斯得。喀尔喀众，以休以息。然彼时将帅之臣，追阿逆于哈萨克，为其所卖。同时准噶尔宰桑之在役者，皆习为盗而惯军诈者也。见而轻之。（时阿逆窜迹哈萨克，方以谲计缓师，而将军达尔党阿不审先机，竟尔按兵待献，坐失事会。）既罢役则相率为乱，欲复其旧制而耻为我臣。是和起被欺于辟展，兆惠战出于济尔哈朗之所因也。（厄鲁特宰桑等从征哈萨克者，既心轻将帅所为，思逞乱阶。将军和起方往追巴雅尔，至辟展，为逆回莽噶里克厄鲁特呢吗等设计遣散驼马，仓卒被害。而将军兆惠自济尔哈朗力战得出，贼势复戢。）硕儒曰：吁！是盖祸结兵连，吾不知何日之息肩矣。尔其重整四甄，夹攻两路。阿逆复自哈萨克窜归，适遇我师，又仓皇而遁去。盖自是哈萨克亦面内归化，欲助我以擒阿逆，而阿逆乃只身入俄罗斯境，穷极伏冥诛之故也。（哈萨克以素稔阿逆反复，且畏怀中朝威德，奉表来归，请以擒贼自效。逆势益蹙，仅以残喙投俄罗斯毙焉。遣侍郎三泰验实以闻。）豺狼不可以犬豕蓄，鸱鸮不可以鸡鸭育。是反复喜乱之徒，再存之，再不知感，且残贼为奸焉。是惟翦刈灰灭之而已，更不可以仁义化迁。乃欲姑息了事者又以为不杀降人。夫不杀降人可，留降人之马而与之足力以受其愚则大不可。满福之遇难以及助二回酋与我抗衡，皆此色拉斯吗唬斯二鄂拓之所构祸也。（丁丑春，复命将军成衮札布、参赞舒赫德等由朱尔都斯路进伊犁，将军兆惠、参赞富德等由额林哈必尔罕路进塔本集赛，而成衮札布等遇克勒特乌鲁特沙拉斯吗唬斯等鄂拓克皆抚降其众，不取其马驼，大军过而贼皆反去。乃遣都统满福领偏师追剿沙拉斯吗唬斯二鄂拓，贼人诡持军门扎自称已就降抚，并云前驱除道以待。满福行次哈拉和落，竟以堕计捐躯。）至库车之稽绩，实偾辕于逍遥。更将申律，旗鼓一新，遂长驱直入而功垂成于崇朝。（先是大和卓木既还故部，乃阿逆之叛，小和卓木孤恩助恶。及兴师问罪，围库车城而小和卓木来援，身窜入城，自投罗网。雅尔哈善纵贼失机，遂致养痈贻患。）黑水之守，主客众寡之势，虽愚者亦知其漂摇。以三千余人敌数万众而搜穴得米，掘井得泉。贼铳著木，取铅丸数无万，反以击贼，无不中贼之酋豪。于是两军相合，贼乃遁逃。及穷追异域，驻旅驰檄，献馘称臣，遂成耆定之功高。（戊寅冬，将军兆惠直薄叶尔奇木，道远马疲，被遮固守。时经三月，深沟高垒，贼不敢侵。且屡获神应，而夏前调兵在道副将军富德得以檄促赴援。又参赞大臣阿里衮解马适至，内外夹击，军威大振。至己卯夏，酋惧六师继进，弃城远遁，入拔达山界，寻以追兵压境，其汗素尔坦沙闻风归化，杀贼函首以献，回部悉平，西陲永定。）臻成大夫乃进春秋硕儒而诏之曰：两大部落不为不强，周二万余里不为不广，五年成功不为不速，前歌后舞不为不祥。子徒见始事之秋，选愞畏葸者之腾口，是所谓人然亦然、人否亦否者也。且师旅征伐之于国，犹雷霆霜雪之于天，非霜雪则万汇烦嚣之气不荡涤，非雷霆则四时湮郁之气不畅宣，非师旅征伐则梗我王化者无以詟伏惩创不敢抗干。是以诘戎扬烈，益当廑于重熙累洽之年也。子独不见达瓦齐之懵懵乎！（达瓦齐献俘后，赦不诛，且优赐王爵，以善终。）设云事慎首祸，礼不纳叛，是俨然以外夷弑君者为敌国，岂不贬我君哉？硕儒曰：岂谓是哉！阳舒阴惨，生民大情，离忧合欢，品物同性。绝者不可复属，死者不可复生。损兵折将，无补功成。大夫曰：吁！子所谓执迷而不悟者矣。成大事者不顾小谋，图大全者宁辞小害？示应于近者，远有可察；托验于显者，微或可概。且子亦知损兵折将之由乎？彼或内怯于心，外受人给，决机不审，迟疑擿埴，而自贻伊悔。岂主人之辜哉！若夫虎臣黑士，折冲宣力，马超囊足，姚期摄帻，渴赏捐躯，实不乏人。而一闻如是者，午夜为之酸心，举案为之忘食。虽刻木结蒲无以加兹。而且赏延后昆，太常纪绩，如子所云，则汉祖唐宗拨乱草创之初，宁无一人结缨死绥者哉？礼记听磬声则思，又何以云乎？故非沉机不足以图功，非果断不足以定业。彼其狼狈相顾，潜包祸谋者，以螳螂之斧，御隆车之辙，不自竿量，何异苇苕之鸲鸠？是以王师屡入，霆奋席卷，如举炎火而焫飞蓬，覆汤泉而沃白雪。子何不度以全局，待以岁月，而为是无稽之说哉？硕儒曰：若仆者，乃隙中观斗，井里窥天，以今日应机底绩论之，何妨再迟数年？愧矣服矣，豁然悚然。大夫曰：未也，子姑听之。夫食椹怀音，非纳叛臣，奖蹴优遇，欲集其勋。（阿逆初降时，备陈贼中情形，请兵甚力，即推诚奖任，令副北路将军以行，时或有以厚遇新附窃议者。）密敕周防，先示戚亲。（时命固伦额驸色布腾巴尔珠尔与阿睦尔撒纳偕行，密谕察其动定，虽非豫存逆亿，而逆贼狡狯故智未尝不在意计中也。）操刀必割，所戒逡巡。（阿逆既以未餍所望，在伊犁时居常不衣赐服，及用私印行军檄，踪迹颇露不逞，屡敕将军班第、参赞鄂容安相机擒剿，而因循寡断，阿逆得以入觐为词，乘隙生变。）子云应机，亦非至论。三隙可乘，未兴大军。（或又以为乘人之衅，不知策妄多尔济纳木札尔年幼昏暴，此一隙也，喇嘛达尔札篡夺，又一隙也，达瓦齐复篡夺之，又一隙也。彼时皆未兴兵，详见西师诗。）加征增算，何曾于民？凡有水旱，无不恤赈。运输给价，防其蚀侵。甘肃岁赋，豫免庚辰。两部永靖，并及其邻。哈萨布露，枭眮文身。无不内属，慕义归仁。鸿庸爰建，千古未闻。若子者，所谓菽麦未辨，安足以知我信天主人哉？信天主人乃召大夫硕儒而告之曰：若二子者，所谓楚既失之，齐亦未为得也。夫顺天者昌，逆天者亡。故粤宛犹不逆时气，而奉若者岂可恃力而夸张？且屡危而屡夷，愈变而愈康。钲鼓一动，遂定二方。凿空二万余里，蒇事五载已央。使畏难而中辍，未必不致祸而受殃，浮议者方且谓老成之言臧也。在易师之上六曰：大君有命，复之上六曰：迷复有眚。今得以利用御寇，由颐有庆。是不亦大幸乎！夫获此幸者，宜思何以获此幸于昊苍？方将矜矜惴惴，凛凛皇皇，陨越是惧，奚暇计之二子之短长也哉！

附④《礼记·乐记》：

“其爱心感者，其声和以柔。”心中有爱的人，其声便会柔美温和。这里的和与爱有关系。

“是故治世之音安以乐，其政和。”太平时代的音乐安详而快乐，这是政治和谐的表现。这里的和与政治有关系。

“礼节民心，乐和民声，政以行之，刑以防之，礼乐刑政，四达而不悖，则王道备矣。”用礼来节制民心，用乐来调和民性，用政令加以推行，用刑罚加以防范。礼乐刑政，四个方面都通畅无阻而不相悖，也就具备王道政治了。乐和之“和”，是指乐在治理时具有缓解调和的作用。

“乐文同，则上下和矣。”乐的文采协调了，上下的关系才能和睦。这里的和体现了上下一心。

“大乐与天地同和，大礼与天地同节。和故百物不失，节故祀天祭地，明则有礼乐，幽则有鬼神。如此，则四海之内，合敬同爱矣。”最高尚的乐就会像天地和谐那样和谐，最隆重的礼就会像天地有序那样有序。由于和谐，所以万物各得其所；由于有别，所以要祭天祀地。人世间有礼乐，幽冥中有鬼神。这样，四海之内就能互敬互爱了。这里的和与礼并存，礼乐不分，和为根。

“乐者，天地之和也；礼者，天地之序也。和故百物皆化；序故群物皆别。”乐是天地和谐的体现；礼是天地秩序的体现。因为和谐，万物都能融洽共处，并育而不相害；因为秩序，万物都又有其差别，并行而不相悖。

“乐者敦和，率神而从天。”乐强调的是和同，循神而法天。

“地气上齐，天气下降，阴阳相摩，天地相荡，鼓之以雷霆，奋之以风雨，动之以四时，暖之以日月，而百化兴焉。如此则乐者天地之和也。化不时则不生，男女无辨则乱升；天地之情也。”地气上升，天气下降，阴阳相互摩擦，天地互相激荡，雷霆来鼓动，风雨来滋润，四季交替循环，日月带来温暖，于是万物化生。此段描绘了一幅天地化生万物的场景，所以圣人制定礼乐，就是根据宇宙化生万物的和之道来制定的。如果天地乖离，四时错乱，生命万物是不会产生的；这是天地的本性。

“凡奸声感人，而逆气应之；逆气成象，而淫乐兴焉。正声感人，而顺气应之；顺气成象，而和乐兴焉。倡和有应，回邪曲直，各归其分。”和乐与淫乐是对立的。淫乐是邪恶之音，它会激发起人身上的邪恶之气，二者相互呼应，淫乐就兴起了。和乐则不同，它是自然和之声的体现，因而与人身上的纯正之气相呼应，当纯正之气成为一时的风尚，则和乐就大行于天下了。一唱一和，各归其类，乖违邪辟者与淫乐相呼应，纯正直立者与和乐相呼应，所以君子摒弃淫溺之情，不断地调和自己的心志，以和乐来修养自己，成就自己的德行。

“乐极和，礼极顺，内和而外顺，则民瞻其颜色而弗与争也；望其容貌，而民不生易慢焉。”乐与礼是并行的，二者不可须臾离也。乐极和，礼极顺，当一个人受到乐和礼顺的浸润，就会呈现内心和悦而外貌恭顺之态，那么百姓只要看到他的脸色就不会与他相争了，只要望见他的容貌就不敢有轻慢的念头了。

“是故乐在宗庙之中，君臣上下同听之则莫不和敬；在族长乡里之中，长幼同听之则莫不和顺；在闺门之内，父子兄弟同听之则莫不和亲。故乐者审一以定和，比物以饰节；节奏合以成文。所以合和父子君臣，附亲万民也，是先王立乐之方也。”和乐在不同的场合演奏，都会收到良好的效果。在宗庙里演奏，君臣百僚无有不生起肃静敬穆之貌的；在乡里演奏，长幼妇孺无有不生起和洽顺从之神的；在家门内演奏，父子兄弟无有不生起和睦相亲之情的。故和乐是先审定一个基调以确定调和之音，然后再配上各种乐器表现其节奏，使节奏合成为乐章，就可以用来使父子、君臣各安其位，和谐相处，使普天之下的百姓亲附。这就是先王制乐的原则。

后记

故宫博物院从学术战略的高度，将原故宫博物院研究室和故宫学研究所进行整合，于 2024 年 8 月成立了学术建制机构故宫学研究院，以统领故宫学术的发展。故宫学研究院成立之后，与学习出版社联合申请了国家社科基金特别委托项目“中华文化传承脉络与创新发展研究：以故宫博物院为中心”，我作为该项目执行人，在组织本项目的子课题时，也承担了一部书稿的写作。

我所面临的难题，也是我们课题组成员所面临的难题。面对浩如烟海的故宫文物，如何选择取舍文物，如何掌握这些文物背后的文献支持，如何将这些文物与文化传承脉络及创新发展联系起来，揭示其内在的物质关系与精神关系，总结其规律，找到一个支点，来阐释故宫文物与中华文化传承脉络及创新发展的关系，揭示文物背后隐藏的文化精神和价值观。只有当这些问题解决后，才能敷陈其说，声明文物。

我想到了我所从事的紫禁城及其文物藏品的研究。能否通过对此的梳理来展开对中华文化传承脉络的研究？我一向注重揭示藏品背后隐藏的文化因素，因此当接受这个项目课题时，心中并未感到压力逼人。正好利用这个课题机会让自己的研究站在中华文化传承脉络的高度来审视，开阔眼界，提升认识。